콜롬비아 커피 이야기

커피 한 잔 할래요?

추종연 지음

Would you like a cup of coffee?

박영사

머리말

　이 책을 쓴 데는 3가지 목적이 있습니다. 첫째는 커피라는 창을 통해 콜롬비아를 좀 더 깊이 이해하는 것입니다. 원고를 집필하는 과정은 콜롬비아 커피산업을 배우고 커피에 관한 상식을 넓혀가는 귀한 시간이었습니다. 콜롬비아 사람들에게 커피는 그냥 커피가 아니라 국가의 상징이며 자존심입니다. 콜롬비아 경제를 뒷받침해온 기둥이기도 합니다. 콜롬비아에서 커피는 우리나라의 쌀과 같다고 보면 됩니다. 많은 사람들에게 아름다운 어린 시절의 추억이기도 합니다. 콜롬비아 커피와 커피문화를 이해하지 못한다면 콜롬비아를 안다고 할 수 없습니다. 콜롬비아에서 두 번이나 공관장직을 역임한 필자에게 콜롬비아 커피 공부는 선택이 아니라 필수였습니다.

　두 번째는 우리 국민들에게 콜롬비아 커피산업구조와 커피문화의 실상을 알리는 것입니다. 콜롬비아는 세계 3위 커피생산국입니다. 수입액 기준으로 우리나라는 세계 커피생산국 중에서 콜롬비아로부터 가장 많이 커피를 수입합니다. 우리나라에서 커피수요가 매년 20~30% 정도로 확대되고 있고 커피에 대한 소비자들의 호기심도 왕성해지고 있습니다. 그들의 호기심, 즉 어떤 품종의 커피가 어느 지역에서 생산되고 어떤 방법으로 유통되는지, 어떤 가공과정을 거치고 어떠한 스토리가 입혀지고 있는지 등 질문에 답하고 싶었습니다. 시중의 커피 책들을 통해 과학적 또는 인문학적 상식을 얻을 수는 있습니다. 그러나 어느 지역 또는 국가 커피에 집중한 서적은 발견하기가 쉽지 않습니다. 현지에서 6년이나 콜롬비아를 관찰한 공직자로서 콜롬비아 커피를 상세하게 알리는 게 우리 국민들의 삶을 풍요롭게 하는 의미도 있겠다는 생각도 들었습니다.

세 번째는 콜롬비아 커피에 관한 정보를 제공함으로써, 우리 커피 수입업체나 그린 빈 바이어(Green Bean Buyer) 또는 로스터들에게 조금이라도 도움을 줄 수 있으면 좋겠다는 생각을 했습니다. 누군가가 콜롬비아 커피나 커피산업에 관한 정보를 수집하고 관찰들을 기록해 놓으면 다른 사람들도 이를 토대로 더 깊이 있는 정보를 파악하고 축적할 수 있다고 봅니다. 더 바라자면 이 책의 자료들이 커피에 관심이 큰 젊은이들에게 자극제가 되면 좋겠습니다.

이 책의 내용은 크게 세 가지 축으로 구성되어 있습니다. 콜롬비아 커피의 품종과 경작 및 가공 방법 등에 관한 실질적인 정보가 한 축이고, 콜롬비아 커피산업을 지배하는 제도나 유통구조 그리고 커피와 관련된 사회모습이 또 다른 한 축이며, 마지막 축은 콜롬비아 커피를 이해하기 위한 커피에 관한 일반상식, 즉 커피의 전래 역사, 인문학적인 관찰, 새로운 소비트렌드 등에 관한 내용입니다. 첫 번째와 두 번째 축에 집중하여 자료를 모으고 정리했으며, 책을 쓰는 과정에서 얻은 추가적인 정보들을 세 번째 축으로 엮어서 넣었습니다. 이 세 가지 축은 순서 없이 책에 반영되었습니다.

이 책을 쓰는 데 활용한 자료는 크게 3가지입니다. 첫째는 콜롬비아 커피생산지를 직접 돌아본 경험과 커피기관 관계자 및 생산자들과의 대화로 얻은 정보로 이는 책 내용의 중심이 되었고 또한 책을 쓰는 동기가 되었습니다. 두 번째는 콜롬비아 신문잡지 스크랩과 스페인 어 책자로 이는 콜롬비아 커피산업을 이해하는 기초가 되었습니다. 마 지막으로는 한국서점의 커피책자와 커피경제신문 등 국내 신문기사들 로 이는 커피에 관한 기본지식을 확장하는 데 큰 도움이 되었습니다. 시각적 효과를 높이기 위해서 커피산지를 다니면서 촬영한 사진들을 많이 넣었습니다. 공간적인 이해를 제고하기 위해 콜롬비아 지도를 부 분적으로 넣었습니다. 정확성을 높이고자 통계숫자를 많이 사용했습 니다.

이 책은 미완성 작품입니다. 잘 다듬어지지도 않았습니다. 공관에 서 일을 하면서 틈틈이 읽고, 있는 자료들을 정리한지라 시간이 부족했 습니다. 따라서 출간에 망설임이 있었으나 지금 하지 않으면 평생 못할 수도 있다는 생각이 들었습니다. 부족분을 다른 사람이 메꾸면 된다는 마음으로 작업을 시작했습니다. 독자 여러분의 이해를 구합니다.

책 내용에도 나옵니다만 저는 콜롬비아에 근무하면서 커피를 마시 기 시작했습니다. 커피생산지를 방문하면서 예의상 커피를 마시고 또 얘기를 듣다보니 콜롬비아 커피에 대한 호기심이 생겼고 정보와 지식 을 습득하게 되었습니다. 저에게 커피이야기를 들려준 콜롬비아 커피 농장 주인들, 콜롬비아 커피생산자협회와 지방에 소재한 커피생산자협 회지부의 직원들, 지방정부 관계자, 여러 커피조합 관계자, 알마카페 직원들에게 감사를 표합니다. 이 책의 많은 부분은 그들의 생각과 그들 의 이야기이며 출장기록이기도 합니다. 저와 함께 출장을 다니며 보고 서를 쓰고 사진을 찍고 원고를 읽어준 주콜롬비아대사관 동료직원들에 게도 감사드립니다. 필자의 원고에 관심을 가져주시고 책 출판을 주선 해주신 양오석 춘천커피협회 회장님께도 감사드립니다. 부족한 원고를 멋있게 편집해준 박영사 전채린 차장님께도 감사드립니다. 마지막 원고를 검토해준 딸과 무엇보다 저의 교만과 어리석음을 늘 일깨워주고 부족함을 지혜로 메꾸어주는 저의 반쪽에게 고마움을 전합니다.

2023년 6월 남한산 자락에서
추종연

5

차례

PART 09   커피의 가공과정 들여다보기

이 책에서 사용된 스페인어 및 영어 이름이나 지명은 외국어표기규정에 따라 한글로 수록하였고, 원어도 괄호에 넣어 표기했다. 독자들의 이해를 돕기 위해 스페인어를 설명하기도 했고 영어 표현을 병기하기도 했다. 스페인어 지역 방문시 커피생두 구매 교섭이나 생산자들과의 대화에 도움이 되도록 가능한 스페인어 커피 용어를 그대로 넣었다.

콜롬비아 커피농장 스케치

01
탕구아 지방 오브라헤 커피농장

2021년 12월 중순, 나리뇨(Nariño) 주 출장 3일째 되는 날 아침 일찍이 파스토(Pasto) 시 호텔을 나섰다. 날씨가 꾸물꾸물하고 비가 올 확률이 50%가 넘어 걱정이 앞섰지만 2021년도 '콜롬비아 컵 오브 엑셀런스(Taza de Excelencia Colombia 2021)'에서 우승한 커피농장을 방문한다는 설렘이 걱정을 눌렀다. 파스토에서 에콰도르와의 국경도시인 이피알레스(Ipiales)로 향하는 25번 국도를 탔다. 이 도로는 대서양 연안의 바랑키야 시에서 시작하여 메데진—페레이라—칼리—포파얀—파스토를 이어서 에콰도르 국경까지 2천킬로미터에 달하는 콜롬비아 서부의 중심도로다. 나리뇨 주정부는 경찰청장이 사용하는 방탄밴을 제공했다. 안전을 고려해 뒷좌석 창문이 내려가지 않을 뿐만 아니라 진한 필름으로 코팅되어 있어 밖이 간신히 보인다. 승차감이 묵직해서 불편하기는 했지만 경찰청장이 사용하는 차를 제공한 나리뇨 주정부가 얼마나 감사한지 모른다. 사복차림의 운전기사는 경찰청장이 휴가중이라고 귀띔해주었다.

국도를 40여 분 달린 후 샛길로 들어선 지 얼마 되지 않아 오브라헤(Obraje) 농장 입구의 단아한 전원주택에 도착했다. 넓은 대지에 잘 정리된 정원이 우리를 환하게 맞았다. 허름한 옷을 걸친 훤칠한 키의 농장주 파블로 안드레스 게레로(Pablo Andrés Guerrero)가 반갑게 악수를 청했다. 언뜻 보니 누구를 너무나 닮았다. 네덜란드 축구팀 최고의 콜키퍼 에드빈 반 데르 사르(Edwin Van Der Sar)다. 햇볕에 그을어 농사꾼 모습이지만 키나 골격 그리고 풍모는 틀림없는 백인 신사다.

아니나 다를까 침착하고 꼼꼼하며 논리적으로 설명을 잘한다. 나중에 인터넷으로 찾아보니 그는 과거에 나리뇨 주 수도인 파스토 시장에 출마한 적이 있었다. 선거에 실패하자 개인적인 사업과 더불어 스페셜티 커피 생산을 위한 기술개발을 시작했다고 한다. 그 노력이 결실을 거두어 그가 두 번째 참석한 최우수 커피 선발대회에서 1등의 영예를 얻은 것이다.

나리뇨 주는 안데스 산지에 속하는 지형으로 날씨가 추워서 보리와 밀을 주로 재배하는 지역이었다. 특히, 농장이 소재하는 탕구아

게레로 농장주인(좌측에서 세 번째)과 나리뇨 주정부 인사들과 함께 촬영

(Tangua) 지방은 해발 2,000~2,300미터나 되어 일반적인 커피 재배지보다 높다. 그러나 오브라헤 농장은 10여 년에 걸친 노력 끝에 커피 재배에 성공했다. 이 지역은 아침저녁으로 온도차가 크고 기후도 수시로 변화되어 식물의 생장속도가 느리고 커피나무 키도 보통 크기보다 작다. 이러한 기후와 지형의 특성이 커피의 독특한 맛을 만든 것이다.

산중턱의 농가에서 아래로 내려다 본 커피밭의 풍경은 아름답기 그지없다. 스위스 어느 산장에 온 것 같다. 깊은 계곡 아래서 흐르는 강물이 까마득히 멀리 보인다. 그 계곡 한참 위의 중간능선에 커피나무밭(lote)의 모습이 여러 개의 퀼트 천조각을 붙여 놓은 것 같다. 중간중간에 빗물을 모은 저수지들이 보인다. 건기에 물이 부족하면 물꼬를 터서 저수지 아래의 커피밭으로 흘려보낸다고 한다. 커피밭이 산 능선에 발달되어 있어 물 공급이 가장 큰 도전이라고 한다. 아마도 이는 산중턱 경사지에서 커피를 재배하는 중남미 지역 커피생산자들이 공통으로 직면한 문제일 것이다. 게레로 농장주인은 구멍이 뚫린 가는 고무호수를 커피밭에 설치하여 효율적으로 관개를 할 계획이라고 한다. 이스라엘이 개발한 이 기술을 점적관개(drip irrigation)라고 하며, 유대인들은 컴퓨터로 제어되는 이 기술을 개발하여 물을 40% 절약하면서도 생산량을 50%나 향상시켰다. 필자는 아르헨티나 와인 생산지역을 여러 번 방문하여 점적관개법을 목격했던지라 게레로 씨 설명을 금방 이해했다.

게레로 씨는 자신의 승용차에 우리를 태우고 경사진 커피나무 밭 사이로 난 좁고 울퉁불퉁한 길로 안내했다. 한국산 산타페라 반가웠다. 타고 내리기를 반복하며 농장주인은 커피나무 품종과 재배방법에 대해 설명했다. 지금까지 중미지역 국가들과 콜롬비아에서 여러 번 커피경

나리뇨 주 탕구아 지방 오브라헤 커피농장 전경

작지를 방문했지만 이번만큼 상세하게 설명을 듣지 못했었다. 게레로 씨는 커피생산자협회(FNC)가 권고하는 카스티요(Castillo) 품종 이외에 카투라(Caturra), 게이샤(Geisha), 세니카페(Cenicafé), 부르봉(Bourbón) 등 다양한 품종을 재배하고 있었다. 통풍이 잘 되도록 하늘만 가린 비닐하우스에 다양한 커피품종 묘목이 자라고 있었다. 콜롬비아에서는 커피 묘목을 콜리노스 데 카페(colinos de café)라고 부른다. 게레로 씨는 커피생산자협회가 권고하는 품종을 심지 않았고 새로운 품종과 새로운 기술을 시도하고 있었다. 아무리 보아도 그는 커피농부 같지 않았다. 개척자 정신이 충만한 기업가였다.

게이샤, 카투라, 카스티요 순으로 병충해에 더 취약하며, 자연환경에도 더 민감하여 재배하기가 매우 어렵다고 한다. 게이샤는 잎사귀가 다른 품종보다 성기고 약간 노란색을 띠며 열매도 적게 달린다고 한다. 필자가 보기에도 게이샤 커피나무가 그리 실해 보이지 않는다. 따라서 커피생산자협회는 게이샤처럼 재배가 어려운 품종보다 병충해에 내성이 있고 많은 열매를 맺는 카스티요를 권장한다. 그러나 게레로 씨는

커피나무 묘목장에서 커피씨앗을 심는 인부

실험정신이 충만하다. 보통의 커피농가는 묘목을 구입하지만 그는 커피씨앗을 사서 묘목을 직접 기른다. 다른 나라에서 씨앗을 사오기도 한다. 그러나 그는 커피생산자협회와 대립하는 것은 아니라고 한다. 커피생산자협회 전문가들이 정기적으로 게레로 씨 농장을 방문한다고 한다. 말하자면 커피농장은 독자적으로 운영하되 커피생산자협회로부터의 도움이나 혜택은 받겠다는 것이다.

커피나무는 1년 전에 새로 자란 가지에 붙어있는 마디에서 열매를 맺는다. 따라서 커피열매가 꾸준하게 많이 맺도록 가지치기를 하여 새로운 가지가 계속 자라나도록 해야 한다. 가지치기는 생산성을 높일 뿐만 아니라 병충해를 줄일 수 있고 나무의 생명도 연장시킬 수 있다. 통상적으로 커피나무는 1년을 번갈아가며 한 해는 열매를 많이 맺고 다른 한 해는 적게 맺는다. 이 현상을 격년효과(efecto de bianualidad)라고 한다. 결실이 많은 해에는 커피나무에 축적된 탄소의 안정동위원소인 탄소-12(Carbon-12 또는 12C로 표기)의 양이 감축되기 때문에 다음 해에는 탄소-12가 부족하여 결실활동이 줄어들고 열매생산이 감축된

오브라헤 농장에서 재배되는 게이샤 품종 커피나무

다. 가지치기는 그러한 격년효과를 줄이는 효과가 있다.

커피나무는 보통의 경우 로부스타(Robusta) 종은 2년, 아라비카 (Arabica) 종은 4년 정도 지나면 상업적인 열매수확이 가능하다. 커피꽃 개화에서 열매가 성숙할 때까지 32주가 소요된다. 커피나무는 수명이 길지만 20년 정도 지나면 생산성이 떨어져서 나무를 교체한다. 게레로 씨는 5년 정도 커피열매를 생산한 후에 커피나무 밑동 30센티미터 위를 모두 잘라내어 그 밑동에서 새 가지가 움트게 하며, 밑동이 잘려진 커피나무도 2년이 지나면 다시 커피체리 수확이 가능하다고 설명한다. 나무 밑동을 자르는 것을 스페인어로 소카(zoca)라고 한다. 이는 커피나무 재배에 사용되는 특수 용어로 소카의 동사형은 소케아르(zoquear) 다. 소카를 하기 1년 전에는 커피나무 밑동으로부터 90센티미터 윗부분을 잘라내어 가지가 옆으로 퍼지게 한다. 커피나무의 윗부분 중심가지만 잘라내는 것으로 윗가지 치기라고 하며 스페인어로 데스코파르 (descopar)라고 한다.

부분적으로 소카를 시행한 커피농장

　커피농들은 소카를 통해 커피나무를 젊게 만들고 생산성을 높이지만, 커피나무 입장에서 보면 온몸이 잘려나가는 고통을 겪는 것이다. 몸이 잘리면 나무 밑동에서 새싹이 자라지만 잘린 나무는 병충해에 취약할 수밖에 없기 때문에 나무가 죽기도 한다. 이를 방지하기 위해서 잘린 나무 밑동에 부식방지 페인트를 칠하기도 하고 곰팡이 방지 농약(fungicida)을 치기도 한다.

　게레로 씨는 파스토 시내에 스페셜티 커피 소매점과 카페를 오픈하여 오브라헤 농장에서 생산한 커피를 직접 판매한다. 상표이름이 오브라헤다. 그는 앞으로 커피투어 프로그램도 운영할 계획이라고 한다. 오브라헤 농장은 2,400미터 고지라 내려다보는 경관이 수려하다. 자세히 관찰해보니 농가 앞 경사진 터가 평평하게 정리되어 과거에 공원이었던 흔적이 있다. 게레로 씨에게 확인해보니 공원이었다고 한다. 그 장소를 재생하면 훌륭한 산책 장소가 될 수 있고 허물어진 벽들만 잘 복구하면 모든 곳이 포토존이 될 것이다. 중남미의 커피수확기가 북반구의 추운 겨울철과 일치하기 때문에 커피 생태관광이 늘어나는 추세다. 게레로 씨와 2시간여를 같이 다니고 대화하면서 콜롬비아 커피산

업의 미래를 보았다. 반세기 내전으로 상처투성이였던 나리뇨 주가 기
업가정신으로 무장한 한 커피생산자에 의해 역동적으로 바뀌고 있다.

02
라 미나 커피농장 주인 프랑코 로페스

프랑코 로페스(Franco López) 씨는 나리뇨 주(州) 부에사코 (Buesaco) 시(市)의 라 미나(La Mina) 커피농장의 주인이다. 부에사코의 인구가 22,000명이라 하니 우리나라 기준에서 보면 시골의 마을이라고 해야 맞을 듯 싶다. 허름한 농가에 사는 72세 작은 키의 노인이지만 자신이 이룬 업적과 오랜 기간 일궈온 커피농장에 대한 사랑과 열정은 젊은이에 못지않다.

라 미나 농장은 '콜롬비아 컵 오브 엑셀런스'에서 2005년, 2010년, 2012년, 2017년 그리고 2020년에 입상경력이 있는 명실상부한 우수커피농가다. 그가 안내하여 들어간 방의 벽에 여러 개의 상장이 걸려있다. 비록 조잡한 프레임의 빛바랜 문서이기는 했으나 그에게는 삶의 에너지임에 틀림없다.

우수한 커피를 생산한 비결이 무엇이냐고 그에게 물었더니 의외로 답이 간단하다. 하나님(Dios)이라는 것이다. 생각해보면 그 말이 맞다. 물론 실한 커피열매를 거두기 위해서는 인간의 노력이 필요하지만 커피열매는 토양과 햇볕과 물과 바람이 잘 어우러져 만든 작품이기 때문

라 미나 커피농장에서 프랑코 로페스 농장주(우측에서 세 번째) 가족과 함께 촬영

이다. 농장주의 커피경작 노하우와 정성은 그저 부수적인 것이다. 노인의 현답(賢答)이 자꾸 되새겨진다.

흐린 날씨라 비를 걱정하며 파스토 시를 출발했다. 부에사코 시가 목적지다. 16세기 중반 스페인 정복자 세바스티안 데 벨랄카사르(Sebastián de Belalcázar)에 의해 설립된 파스토 시는 반란자(rebelde)의 도시 또는 "안데스의 사자(La Leona de los Andes)"로 알려졌다. 콜롬비아 독립운동 당시 레알리스타스(realistas)로 불리는, 스페인 국왕을 지지하는 편에 서서 시몬 볼리바르를 지지하는 파트리오타스(patriotas) 독립군에 대항했기 때문이다. 독립 이후에도 안데스산맥 가운데 위치한 파스토 시는 역사적 이유와 지리적 요인으로 오랜 기간 콜롬비아 다른 지역과 격리되었다.

며칠간 많은 비가 내려 여러 군데 산사태가 발생하여 몇 군데 흙더미가 길을 막았지만 오가는 차들이 한 줄로 번갈아가며 통과했다. 45분 거리라고 했는데 1시간이 족히 걸려 도착했다. 부에사코 시는 중심부가 산등성이를 따라 길게 발달했다.

존 로하스 나리뇨 주지사 면담 후 선물교환

한국대사가 온다고 하니 부에사코 시장을 비롯해서 지방관리들이
총동원되었다. 닐슨 로페스 시장도 커피를 경작한다고 한다. 나리뇨 주
지사의 부인도 이 지역에서 커피농장을 운영하며, 주지사도 이 도시를
자주 방문한다고 한다. 부에사코 출신인 존 로하스(Jhon Rojas) 주지사
는 자수성가한 지방 정치인이다.

부에사코 시와 부에사코 커피에 대한 로페스 시장의 자랑이 이어
진다. 이 작은 도시의 별칭이 있는데 바로 '닥터 부에사코'라는 것이다.
왜냐하니 이 도시는 따스한 햇볕과 아름다운 경관 그리고 그윽한 커피
향을 지니고 있어 부에사코를 방문하는 사람들마다 몸의 컨디션이 좋
아지고 지병이 있어도 치유된다는 것이다. 부에사코 여러 커피농장들
이 우수커피 경연대회에서 우승했다고 한다. 2010년에 호세 안토니오
구알구안 농장주가 '콜롬비아 컵 오브 엑셀런스'에서 우승했으며, 그때
까지 커피대회 역사상 최고점수인 94.92점을 얻었다고 했다.

2012년에는 여성커피경작자인 마리아 에텔비나 디아스(María Etelvina Díaz)가 우승했고, 2017년에 선발된 10개의 우수커피 중에 부에사코 커피가 6개를 차지하였으며, 그 중 4개 커피가 90점 이상을 받았다고 한다. 콜롬비아의 커피경작 규모를 감안할 때, 부에사코와 같은 작은 도시가 거둔 시상경력은 충분히 놀랄 만하다.

시청 안내자가 작은 커피 전시실로 필자를 안내했다. 소형 트리야도라(trilladora), 그라인딩 기계, 커피시음 플라스크 등 커피를 평가하는 도구들이 놓여있다. 전시실인 동시에 실제로 커피평가실로도 사용되는 것 같았다. 이 지역에서 생산되는 커피들이 농장별로 잘 포장되어 가지런히 전시되어 있다. 시골임에도 불구하고 상표와 디자인이 뒤떨어지지 않는다. 놀랄 만한 게 하나 더 있었다. 부에사코 커피가 한국에도 수출된다는 것이다. 부에사코 시가 필자를 환영하는 진짜 이유를 찾은 것이다. 한국여성과 결혼한 콜롬비아 남성 카를로스 하라미요(Carlos Jaramillo)가 코코라(Cocora)라는 커피수출회사를 콜롬비아에 설립하여, 콜롬비아 커피를 한국에 수출한다고 한다. 로페스 시장은 하라미요 씨의 한국 전화번호를 적어주었다. 나중에 콜롬비아 커피생산자협회 홈페이지에 들어가 확인해보니 한국에 커피를 수출하는 콜롬비아 기업명단에서 코코라가 있었다.

부에사코 시가 점심으로 제공한 플라타노(platano) 튀김과 밥과 닭고기를 먹은 후 '라 미나' 농장으로 출발했다. 플라타노는 바나나(banana)와 겉모양은 비슷하지만 다르다. 플라타노는 바나나보다 외형이 투박하고 크며 초록색인 채로 수확해서 요리재료로 쓰인다. 플라타노는 채소인 반면 바나나는 과일이다. 부에사코에서 가까운 거리지만 산중턱으로 난 비포장 길이라 20여 분이 걸려 농장에 도착했다. 그의

부에사코 지방 커피경작자들이 생산한 커피상품 전시

농장은 해발 2,000미터 고지에 있어 기후가 서늘한 데다 비마저 부슬
부슬 내려 추위가 몸을 감쌌다.

프랑코 로페스 씨는 1994년부터 4헥타르 규모의 커피농장을 운영
해왔다. 이제는 4명의 자녀 중 막내딸인 시엘로(Cielo)가 가업을 이어받
았다고 한다. 카투라 품종을 재배하며 4월에서 8월 그리고 12월에서
다음 해 2월까지가 수확기라고 한다. 농장이 깊은 산지의 꼭대기 부분
에 있어 밤에는 깊은 계곡에서 더운 공기가 올라와 커피나무를 보호해
주고, 낮에는 풍부한 햇볕을 흡수한다. 따라서 커피나무가 집중적으로
꽃을 피우고 열매 성숙기간이 길어져 당도가 높아진다고 한다. 비가 주
룩주룩 내리는 으스스한 날씨였지만 바리스타인 로페스 씨의 손녀가
정성스럽게 만들어준 커피가 방문자들의 몸을 녹여주었다. 바닐라 향
이 가미된 중간 정도의 산도를 가진 커피로 콜롬비아 최고의 커피생산
지에서 명품커피를 마시는 호사를 누렸다.

03
모니키라 지방 엘 엔칸토 농장

보야카(Boyaca) 주 수도인 퉁하(Tunja) 시에서 오전에 북서쪽으로 1시간 40분가량 달렸다. 모니키라(Moniquira)는 해발고도 1,700미터에 위치한 산속의 작은 분지 마을로 이곳에서는 주로 커피, 사탕수수, 옥수수, 감자 등을 생산한다. 퉁하 시는 보고타 시처럼 안데스산맥 서부 산지 내에 자리잡은 도시로, 해발고도가 보고타보다 200미터가량 더 높은 2,820미터나 된다. 그러니 보고타 시보다도 더 산소가 희박하다. 그러한 퉁하 시에서 2012년에 세계태권도품새선수권대회가 열렸다. 당시 취재 차 그곳을 방문한 한국 기자 한 분이 고지증세로 쓰러져 2개월여 병원 신세를 진 적이 있었다.

퉁하 시를 출발한 자동차는 오르막길로 3,300미터까지 도달하더니 그 이후부터는 계속 꼬불꼬불한 내리막길을 달렸다. 고속도로가 없던 시절 춘천에서 대관령이나 진부령을 넘어 강릉이나 속초로 갈 때 산등성이 농장과 흡사한 풍경이다. 소들이 굴곡진 초원에서 한가하게 풀을 뜯고 있고 자주색 꽃으로 물들여진 감자밭이 가끔 나타났다. 길가 노점의 나무판자 선반에 가지런히 진열된 이국적인 색깔의 열대과일들도 인상적이다. 콜롬비아 땅은 고도와 기후가 다양하여 온갖 종류의 과일들이 풍부하게 생산된다.

모니키라 방문에는 콜롬비아 커피생산자협회 보야카 지부장 (Director Ejecutivo) 카를로스 레스트레포(Carlos Restrepo) 씨와 직원 몇 명이 동행했다. 콜롬비아 커피 주요 수입국인 한국에 대한 배려일 것이다. 모니키라로 출발하기 전에 보야카 지부 사무소에 들러 1시간가량 대화를 나누었다. 그 면담에 부카라망가(Bucaramanga) 시 소재 커피조합에서도 부조합장이 참여했다. 그는 6시간이 넘게 운전하여 퉁하에 도착했다고 한다.

콜롬비아에서 많은 커피생산자협회 지부와 조합들을 방문하면서 이미 축적한 정보와 지식을 바탕으로 대화가 진행된 지라 대화의 내용이 점점 깊어졌다. 면담을 통해 여러 의문들이 해소되었고 콜롬비아 커피산업에 대한 어설픈 지식들도 보다 정교하게 다듬어졌다.

레스트레포 지부장은 엘 엔칸토(El Encanto) 농장으로 우리를 안내했다. 엘 엔칸토 농장은 산중턱 경사진 곳에 위치한 1.3헥타르 규모의 작은 농장이다. 레스트레포 지부장이 엘 엔칸토 농장으로 우리를 안내한 중요한 이유를 알았다. 좋은 품질의 커피를 생산하는 농장을 보여주려는 목적도 있지만, 2022년 9월에 보야카 주 위원회(Comité Departamental) 선거가 예정되어 있고 엘 엔칸토 농장주인이 그 선거에 위원 후보로 출마했기 때문이다. 지부장들은 임명직이고 지부 위원회의 감독을 받기 때문에 위원회 위원들과 친목관계를 미리부터 다져놓는 게 좋을 것이다. 더구나 커피생산자협회 주 지부장들은 임기가 정해져 있지 않다고 한다. 지부장이 위원회로부터 전폭적인 지지를 받을 경우, 지부장을 임명하는 콜롬비아 커피생산자협회장이 마음대로 지부장

커피생산자협회 보야카 지부 카를로스 레스트레포 지부장(우측에서 2번째) 면담

을 교체하기 어려울 것이다.

농장주인은 60대 중후반으로 보여지는 촌로(村老) 엘리오 호세 우르타도(Elio Jose Hurtado)와 그의 부인 메르세데스(Mercedes)다. 남편과 부인이 각각 0.9헥타르와 0.3헥타르씩 농장 소유권을 보유하고 있다고 한다. 그런데 그 작은 농장에서 지난해 53포대를 생산했다고 한다. 한 포대는 60킬로그램이다. 경이적인 생산성이다. 그 얘기를 듣고 다시 자세히 보니 농장의 커피나무 대궁이 튼튼해 보인다. 최근 "자유의 향기(Aroma de Libertad)"라는 이름의 보야카 주 우수커피 경진대회에서 메르세데스가 생산한 커피가 1등, 남편 우르타도가 생산한 커피가 9등을 했다고 한다.

커피경진대회 이름에서 콜롬비아 역사의 냄새가 난다. 보야카 주는 남아메리카의 해방자 시몬 볼리바르가 1819년에 스페인 정복자들과 최후의 결전을 치른 곳이다. 이 전쟁 이후에 '그랑 콜롬비아(Gran

Colombia)'가 세워졌다. 그랑 콜롬비아는 스페인 왕실이 1717년에 설립한 보고타 소재 누에바 그라나다 부왕청이 관할했던 전 지역, 즉 지금의 콜롬비아뿐만 아니라 파나마, 베네수엘라, 에콰도르의 전부 그리고 코스타리카, 브라질 및 가이아나 영토의 일부를 포함하는 광대한 영토를 지니게 되었으며, 이는 지금 콜롬비아 영토의 2배가량 된다. 1810년에 독립선언이 있었지만 1819년에 가서야 실질적인 독립을 쟁취했다. 우르타도 농장주는 아버지로부터 커피농장을 물려받았으며, 그곳에서 1남 1녀를 대학까지 보냈다고 한다. 그의 아들은 바리스타 자격을 취득했고 카타도르(Catador, 영어로 Q Grader) 자격증을 따기 위해 공부하면서 부모님이 생산한 커피를 상업화했다고 한다.

메르세데스가 준비한 커피를, 온 혀에 신경을 집중하면서 천천히 음미했다. 보야카주 커피대회에서 1등상을 받은 커피라고 하니 마음가짐이 새롭다. 중간 정도의 밸런스에 덜 익은 사과향 그리고 낮은 산도의 부드러운 커피다. 레스트레포 지부장에 의하면 보야카 주 커피는 미세기후와 지형에 따라서 맛이 천차만별이기는 하지만, 보편적으로는 계피 또는 카라멜 향, 산딸기 등 붉은색 과일향 그리고 볶은 아몬드 향

데스풀파도라 옆에서 찍은 '엘 엔칸토' 농장주인 엘리오 호세 우르타도

을 지니고 있으며 추가로 초콜릿, 볶은 곡류 향을 지니고 있다고 한다.

우르타도 농장주는 소형 데스풀파도라(Despulpadora) 기계를 사용하여 커피체리 과육을 벗겨낸 후에 커피콩을 120시간이나 발효시킨다고 한다. 통상적으로는 14~24시간 발효시키나 무려 10배가량 발효시간을 늘린 것이다. 발효과정에서 산소가 들어가면 산패(식초화)되기 때문에 철저한 밀봉이 가능한 플라스틱 통에서만 발효시킨다고 한다. 발효과정이 정상적으로 진행되면 당(糖)이 축적되어 커피콩에 화학적 변화를 일으키고 그에 따라 커피 맛의 변화를 가져온다고 설명한다.

보야카 주는 15개 커피생산 주 중에서 생산량이 가장 적다. 따라서 보야카 주에는 커피조합(Cooperativa)이 없고 부카라망가 시에 소재한 코오페카페노르(Coofecafenor) 조합에서 보야카 주를 관장한다. 보야카 주의 커피경작면적이 10,225헥타르 규모인데 커피경작자는 10,749명이나 된다. 그러니 커피농가당 평균 경작면적이 1헥타르가 채 안 된다. 그야말로 영세농이다.

보야카 주 소재 커피농장 가격을 물어보니 1헥타르당 120~200백

보야카 주 우수커피경진대회(Aroma de Libertad)에서 메르세데스가 받은 1등상

만 페소라고 한다. 1달러당 4,000페소로 환산하면 3~5만 달러다. 환율
이 계속 오르는 추세이니 지금은 미화 환산 가격이 더 저렴할 것이다.
보야카 주에서는 79%의 커피경작지에서 카스티요(Castillo) 품종과 세니
카페1(Cenicafé1) 품종을 재배하며, 나머지 21%에서는 카투라(Caturra),
마라고지페(Maragogipe), 티피카(Típica) 등 품종을 재배한다. 보야카 주
에서는 그림자 나무를 활용한 그늘 생산이 89%나 된다. 커피나무는 어
느 정도 그늘이 필요하기 때문에 햇볕을 가리는 키가 큰 나무를 커피
밭에 심는다. 그림자 나무로는 구아모(guamo)와 카르보네로(carbonero)
가 주로 사용된다.

　　커피생산자협회는 커피녹병(la roya)에 내성을 지닌 카스티요 또는
세니카페1 품종을 추천하지만 커피농가들은 각자 커피수요자들의 요구
에 따라 어떤 품종이든지 자유롭게 선택할 수 있다고 한다. 특히, 일본
수입업체들이 티피카 등 커피생산자협회 비추천 품종 커피를 수입해간
다고 한다. 다만, 커피농가가 추천 품종을 재배하지 않을 경우 커피생
산자협회의 기술지원은 이루어지지 않는다고 한다. 추천품종을 심을
경우 1헥타르당 16포대를 생산하지만 비추천 품종 경우는 병충해에 취

산등성이의 엘 엔칸토(El Encanto) 농장 전경

약하고 생산성도 떨어져 13포대 정도를 생산한다고 한다.

엘 엔칸토 농장에서 커피의 맛도 인상적이었지만 메르세데스가 준비한 토속음식이 더 기억난다. 특히, "소파 마테(sopa mate)"가 일품이다. 감자, 유카(yuca) 그리고 다양한 야채들을 듬뿍 넣은 걸쭉한 고기국물 스프다. 게다가 돼지고기, 소고기, 초리소(chorizo, 스페인식 소시지), 모르시야(morcilla, 스페인식 선지 순대), 유카 튀김, 삶은 크리오야 방울 감자 등 2명이 먹어도 충분한 음식 접시 하나를 더 받았다. 어렸을 적 한국 시골에서의 넉넉한 인심이다.

04
콜롬비아에서 재배되는 커피품종

   티피카(Típica) 품종은 비교적 키가 높게 자라는 편이며 카투라 품
종이나 부르봉 품종에 비해 큰 커피열매를 많이 생산한다. 자메이카를
상징하는 블루마운틴(Blue Mountain) 커피와 세계적인 유명세를 지닌
하와이안 코나(Hawaiian Kona) 커피 그리고 예멘의 모카 마타리(Mocha
Mattari) 커피도 티피카 품종이다. 보통 1헥타르에 2,500그루의 나무를
심는다. 현지에서는 티피카를 아라비고(Arábigo), 파하리토(Pajarito) 또
는 나시오날(Nacional)로 부르기도 한다. 이 품종은 18세기 중반에 지
금의 베네수엘라 국경지역인 오리노코 지역에서 처음으로 상업재배를
시작했고, 18세기 후반에 산탄데르 주의 주요 재배품종이 되었다. 현재
콜롬비아 커피재배지의 30% 정도에서 이 품종이 재배된다. 티피카 품
종의 문제는 커피녹병에 취약하다는 것이다. 나중에 콜롬비아에 도입
된 부르봉(Bourbón) 품종에 비해서 생산성도 떨어진다.

   부르봉 품종은 다른 품종에 비해 나뭇가지가 위로 향하며 나뭇잎
이 오그라든 모습이다. 커피열매는 수프레모 사이즈의 42~50% 정도로
작은 편이나 생산량이 많다. 커피나무 가지 사이의 간격이 좁으며 그늘

티피카 품종 커피나무와 열매

이 덜 요구된다. 커피나무는 중심가지가 아니라 곁가지에 열매를 맺는다. 따라서 가지가 많을수록 그리고 가지 사이의 간격이 좁을수록 열매를 많이 생산한다. 부르봉 품종은 생산을 빨리 시작하는 조생종이며 그러기에 다른 품종보다 나무의 생명이 짧다.

부르봉은 생산성이 높기 때문에 중미 및 카리브 지역에서 티피카 품종을 대체했다. 콜롬비아 커피연구소 세니카페(Cenicafé)는 1950년대 초에 이 품종을 칼다스 주 커피농가에 배포했다. 부르봉 품종은 다시 부르봉 로호(rojo), 부르봉 로사도(rosado) 및 부르봉 아마리요(amarillo)로 구분되며 각각 붉은색, 분홍색 및 노란색 열매를 생산한다. 부르봉 로호가 대표품종이며, 부르봉 로사도는 부르봉 로호와 부르봉 아마리요가 유전학적으로 교배된 것이다. 부르봉은 프랑스 사람들에 의해 중남미에 도입되어 1928년에 콜롬비아로 들어왔다.

타비(Tabi) 품종은 티모르, 티피가 및 부르봉 사이에 하이브리드로 탄생했으며 큰 커피열매가 특징이다. 수프레모 사이즈가 80% 이상이다. 커피 품질이 좋아 스페셜티 커피에 합당하며 커피녹병에도 내성이 있다. 1헥타르에 3,000그루의 나무를 재배한다.

카투라(Caturra) 품종은 브라질에서 유입되었으며, 콜롬비아에서

부르봉 아마리요 품종 커피나무와 열매

많이 재배되는 품종 중 하나다. 나무 평균 높이가 2미터 정도로 높이 자라지 않아 밀집 재배될 수 있으며 생산성이 매우 높다. 나뭇가지의 각도가 평균 66도라 옆으로 퍼진 형태이고 나뭇가지 사이의 간격이 좁으며 잔가지들도 많아서 열매를 많이 맺는다. 나무 전체의 모습은 원통형이다. 카투라 로하(roja)와 카투라 아마리야(amarilla) 두 종류가 있으며 카투라 아마리야가 생산성이 더 높다. 본래 카투라 품종은 커피녹병에 매우 취약했으나, 콜롬비아 커피생산자협회가 커피녹병에 강한 카투라 품종을 개발하여 적극적으로 이를 농가에 보급하고 있다.

콜롬비아(Colombia) 품종은 커피녹병 피해를 줄이기 위해 콜롬비아 커피연구소인 세니카페(Cenicafé)가 개발했다. 콜롬비아가 자체적으로 개발했기 때문에 품종에 나라이름을 붙인 것으로 보인다. 이 품종은 커피녹병에 저항하는 이질적인 유전자를 가지고 있다. 콜롬비아 품종

카투라 아마리야 품종 커피나무와 열매

은 커피녹병 피해가 심한 지역에 파종되었으며, 농약이 많이 필요하지 않아 생산비용이 감축되었고 환경피해도 줄어들었다. 나무의 크기나 형태가 카투라와 흡사하다. 생산성도 매우 높으며 커피열매의 쭉정이 또는 기생균 감염 비율도 낮다. 커피열매의 크기도 커서 생두지수 (Factor de Rendimiento)가 높으며 스페셜티 커피로 합당하다. 향과 맛의 퀄리티는 티피카, 카투라 및 부르봉과 유사하다.

카스티요(Castillo) 품종도 콜롬비아 품종과 마찬가지로 세니카페가 개발했으며 카투라 품종과 '이브리도 데 티모르(Híbrido de Timor)' 품종 간 교배를 통해 만들어졌다. 커피나무의 키는 작은 편이며 콜롬비아 환경에 잘 적응하도록 만들어졌다. 특히, 커피녹병에 강하고 풍미가 좋으며 생산성이 높다. 커피녹병에 취약했던 카투라 품종과 티피카 품종을 대체하기 위한 프로그램 이행과정에서 카스티요가 나왔다. 이 품종의 이름은 이를 개발한 하이메 카스티요 사파타(Jaime Castillo Zapata) 세니카페 연구원의 이름에서 나왔다.

세니카페가 개발한 콜롬비아(Colombia) 품종 커피나무와 열매

　　마라고지페(Maragogipe) 품종은 브라질 바이아 주 마라고지페 지방에서 발견되어 그 지방 이름이 붙었다. 이 품종의 열매는 보통 커피콩 크기의 4배나 되기 때문에 코끼리 콩(elephant bean)이라는 별명이 붙었다. 마라고지페는 신맛이 적고 바디가 묵직하다. 쓴맛을 지니고 있고 에너지 영양소가 충만하다. 이 품종은 독일과 오스트리아에 많이 알려졌고 그곳에서 많이 소비된다. 특히 마라고지페는 오스트리아 케이크와 잘 어울리는 것으로 알려졌다. 중남미 지역에서는 멕시코의 치아파스 지방, 니카라과, 과테말라 등에서 재배된다. 콜롬비아에서는 칼다스 주의 리오수시오(Riosucio)와 초코 주의 카르멘 데 아트라토(Carmen de Atrato) 사이 '파요네스 데 시타라(Fallones de Citara)' 지방의 산등성이에서 주로 재배된다.

　　'아트라토'와 '시타라'는 각각 이 지역에 흐르는 강의 이름이다.

커피녹병에 강하고 생산성이 높은 카스티요 품종의 커피나무와 열매

마라고지페를 가장 많이 생산하는 농장은 '아시엔다 엘 보톤 (Hacienda El Botón)'으로 이곳에서 생산하는 마라고지페 커피는 1920년대부터 독일 함부르크로 수출되었다. 한 가지 재미있는 것은 마라고지페 커피를 많이 수입해서 마시는 지방에서 21세기에 많은 저명인사가 배출되었다는 것이다. 취리히의 물리학자 알베르트 아인슈타인, 인스부르크의 경제학자 프리드리히 하이에크, 에센의 아돌프 히틀러, 베를린의 헬무트 콜, 라이프치히의 쇼펜하우어 등이 그들이다. 마라고지페는 크게 자라며 높은 온도와 습한 땅에도 잘 적응한다. 열매를 적게 맺으며 늦게 성숙한다.

파카스(Pacas) 품종은 부르봉 품종에서 나온 변종으로 1949년 엘살바도르 산타아나 주 '산 라페엘' 농장에서 발견되었다. 그 농장의 주인이 파카스라는 이름을 가진 패밀리였다. 파카스 품종은 엘살바도르 커피재배면적의 24%를 차지한다. 이 품종의 특징은 가뭄, 바람 그리고 태양열에 강하다는 것이다. 나무는 작은 편이고 나뭇잎이 무성하다. 생

열매가 가장 큰 품종인 마라고지페 커피나무와 열매

산성은 중간정도이며 향과 맛이 뛰어나다.

　게이샤(Geisha)도 콜롬비아에서 재배된다. 파나마의 국격을 한층 높인 커피품종이다. 파나마의 풍부한 강수량과 시원한 그늘을 만들어 주는 풍성한 구름이 게이샤 커피나무가 잘 자라게 하는 환경을 만들어 준다. 화산토양도 커피의 향미를 복잡하게 만든다. 게이샤는 일본의 기생을 일컫는 말로 더 잘 알려져 있다. 그러나 게이샤 커피의 이름은 그와는 전혀 상관이 없다. 게이샤는 에티오피아의 어느 산 이름이다. 그곳에서 게이샤 품종이 발견되었다.

　커피업계에서 게이샤가 주목받고 있다. 바리스타 경연대회에 참가하는 선수들도 게이샤를 선택하는 경우가 많다. 게이샤에 대한 소비자들의 관심이 증폭되자 이 품종을 경작하는 커피농장이 늘고 있다. 게이샤의 생두모양은 크고 길쭉하다. 높은 고도에서 일교차가 크고 신선한 기후에서 재배된다. 자스민과 같은 꽃향기와 풍부한 과일향 그리고 뛰어난 산미를 갖고 있다. 필자가 방문했던 나리뇨 주 탕구아 지방의 오브라헤 농장도 파나마에서 가져온 게이샤 품종으로 '콜롬비아 컵 오브

재배가 까다로운 게이샤 품종 커피나무와 열매

엑셀런스'에서 우승했다.

05
콜롬비아 스페셜티 커피

필자는 콜롬비아 여러 지방의 커피생산지를 방문하여 농장 주인이나 커피조합관계자들과 다양한 대화를 하였다. 그들의 대부분은 자신들이 그 지방에서 생산 또는 유통하는 커피가 스페셜티 커피라고 설명했다. 그들이 직접 생산하거나 소개하는 커피의 포장지에도 스페셜티 커피(Café Especial 또는 Specialty Coffee) 문구가 들어있는 경우도 종종 있다. 그런데 어떻게 스페셜티 커피 자격을 받았는지에 대한 구체적인 설명이 없었다. 따라서 필자는 기회가 될 때마다 스페셜티 커피 자격을 얻기 위해서 어떤 요건을 갖추어야 하는지, 스페셜티 커피 명칭을 사용하기 위해서 누구의 허락을 받아야 하는지를 문의했으나 누구도 시원한 답을 주지 못했다.

누군가는 국제스페셜티커피협회(SCA)의 기준에 따라 카타도르(Catador, 영어로는 Q grader)가 평가한 점수가 85점 이상이어야 스페셜티 커피 자격을 받는다고 했다. 혹자는 비싸게 팔리는 커피가 스페셜티 커피라고 말하기도 했다. 누가 스페셜티 커피 용어사용을 통제하는지에 대해서는 아무도 답변을 주지 못했다. 인터넷 자료를 찾아보았다.

스페셜티 커피가 되려면 국제스페셜티커피협회의 기준에 입각한 평가 점수를 80점 이상 받아야 한다고 되어 있다. 콜롬비아에서는 커피 퀄리티 판정기준으로 스페셜티커피협회의 10개 항목을 사용한다.

스페셜티 커피의 평가기준은 미국스페셜티커피협회(SCAA)와 유럽스페셜티커피협회(SCAE)가 1982년에 창설되면서 만들어졌다. 당시 미국스페셜티커피협회는 커피를 수입하는 42개 중소업체들의 참여하에 소규모 모임으로 창설되었다. 당초 그들의 협회창설 주목적은 일정량의 수입커피의 주문을 확보하는 데 있었다. 아울러 그들은 새로운 국제커피협정에 그들의 이해를 반영시키기 위해 협회를 활용했다. 최초의 국제커피협정은 커피생산국들에게 수출쿼터를 할당했는데, 중소규모 커피수입업체들에게 이 할당제는 다양한 양질의 커피를 자유롭게 구입하는 데 장애가 되었다.

스페셜티 커피의 어머니로 불리는 에르나 크누첸(Erna Knutsen)이 1974년에 '티(Tea)와 커피 트레이드 저널'에서 처음으로 스페셜티 커피 용어를 사용했다. 그녀는 스페셜티 커피를 '특별한 지리적 조건에서 만들어진, 특별한 풍미의 커피'로 정의했다. 스페셜티 커피는 품질이 점점 나빠지던 코모디티(commodity) 커피에 대한 반발로 대두되었다. 코모디티는 원자재를 대상으로 체결된 국제상품협정을 바탕으로 대규모로 거래되는 상품을 말한다. 커피나 설탕, 밀가루, 천연고무 등이 해당된다.

또한 '생두에서 시작하여 로스팅과 추출을 거쳐 한 잔의 음료로 만들어지기까지 산지의 특성을 좋은 품질로 잘 보여주는 커피'가 스페셜티 커피라고 정의를 내리기도 한다. 모호하기가 그지없다. 그러나 생각해보면 이해가 간다. 스페셜티 커피 평가기준이 정해져 있을지라도 같은 커피를 두고도 카타도르마다 매기는 평가점수가 다를 수 있기 때문이다. 따라서 커피 구매자나 수입상들은 판매자가 제공하는 커피 평가는 참고로만 하고 자체적으로 카타도르를 채용하여 소비자들의 기호에 맞는 커피 원두를 고른다. 분명한 것은 일반 커피에 비해 스페셜티 커피가 비싸다는 것이다. 대략적으로 세계에서 팔리는 커피의 7% 정도가 스페셜 커피라고 한다.

56만 콜롬비아 커피경작자 중 약 13만 가구, 즉 22%의 콜롬비아 커피농가가 스페셜티 커피를 생산한다. 커피경작지 기준으로 보면 약 40% 경작지에서 스페셜티 커피가 생산된다. 스페셜티 커피 최대 생산지는 우일라(Huila) 주로 이곳에서 콜롬비아 스페셜티 커피의 72%가 나온다. 우일라에서는 카투라 품종과 콜롬비아 품종이 각각 25%씩 재배되며 나머지 50%는 카스티요, 탐보(Tambo), 헤네랄(General), 세니카페, 게이샤, 부르봉 등의 품종이다. 커피경작지가 1헥타르 미만인 영세농들이 많은 나리뇨(Nariño) 주도 스페셜티 커피 주요 산지다. 그곳에서는 카스티요가 주품종이지만 부르봉과 게이샤도 재배된다. 콜롬비아 커피생산자협회는 커피경작자들에게 첫째, 생산성이 높고, 둘째, 병충해에 강하며, 셋째, 맛과 풍미가 좋고, 넷째, 수확이 용이한 품종을 추천한다. 특히, 커피녹병에 강한 카스티요 품종 재배를 장려한다.

스페셜티 커피 수출규모는 2002년 21만 포대에서 2015년에는 127만 포대로 6배가량 확대되었다. 콜롬비아의 총 커피 수출량에서 스페셜티 커피가 차지하는 비중은 2000~2001년에는 2~5%였으나, 2015~2016년에는 23~24%로 확대되었다. 수출되는 스페셜티 커피의 57%는 지속가능한(sostenible) 커피였고, 27%는 기술화(tecnificación)로 생산된 커피였으며, 나머지 16%는 원산지 등록 커피였다. 고품질 고가

부르봉 로사도 품종 커피나무와 열매

격 커피에 대한 수요는, 특별한 생산지 또는 생산농장, 커피경작자들에 대한 교육, 특별한 커피품종, 생산자와 주문자간의 직접적인 관계, 혁신적인 물류, 생산자와 소비자 간의 투명한 소통 등으로 만들어진다.

　　나리뇨 주 커피가 스페셜티 커피로 좋은 평가를 받고 독특한 풍미를 지니게 되는 이유가 있다. 나리뇨 주에서는 수천 미터 깊은 안데스 계곡 경사면의 1,800~2,200미터 고도에서 커피가 재배된다. 따라서 계곡 밑에서 올라오는 골바람이 만드는 미세기후(microclima) 영향으로 커피열매가 나무에서 영그는 시간이 2주 정도 길어진다. 그럼으로써 커피 열매에 당도와 풍미가 더해진다. 에헤 카페테로(Eje Cafetero)의 리사랄다(Risaralda) 주에서는 세니카페, 카스티요, 로사리오 품종이 주로 재배되며, 이 품종들을 블렌딩한 상품이 주로 판매된다. 2021년 8월 콜롬비아 이반 두케(Iván Duque) 대통령이 한국을 국빈자격으로 방문했다. 그 계기에 한국에서 콜롬비아 스페셜티 커피 시음회가 개최되었다. 인터넷 커피판매업체인 세웅GC 사의 박우진 대표가 시음회를 주관했다.

　그는 참석자들에게 3종류의 스페셜티 커피를 소개했다. 노르테 데 산탄데르(Norte de Santander) 주에서 생산된 티피카 품종의 '모틸론(Motilón)', 나리뇨 주에서 생산된 카스티요 품종과 카투라 품종을 혼합한 '아스프로우니온(Asprounión)' 그리고 노르테 데 산탄데르 주 '엘 로블레' 농장에서 생산된 게이샤 품종의 '도밍고 토레스(Domingo Torrés)' 커피다. 로베르토 벨레스(Roberto Vélez) 콜롬비아 커피생산자협회 회장은 스페셜티 커피의 수요가 급증함에 따라, 고품질 싱글 오리진 크래프트 커피의 생산 및 가공에 주력하여 한국국민들의 특별한 요구에 부응하겠다는 포부를 밝혔다. 크래프트(craft)는 사전적 의미로 창의적인 기술이나 예술을 말한다.

06
커피녹병과 병충해

커피나무에 병을 일으키는 것들은 곰팡이, 박테리아, 바이러스 등으로 특히, 우리말로 커피녹병으로 불리는 라 로야(la roya)는 커피경작에 막대한 피해를 야기하는 곰팡이로 악명이 높다. 19세기 후반에 커피녹병이 스리랑카와 인도네시아를 덮쳤다. 엄청난 피해를 입은 스리랑카는 커피재배를 포기했다. 인도네시아는 커피녹병에 강한 로부스타 품종으로 커피나무를 교체했다. 한 세기가 지나 이 역병은 브라질에서 발생했고, 1970년대 후반에는 중남미 전역으로 확대되었다. 특히, 라 로야는 중미지역 커피농장의 70%를 감염시켜 30억 달러 이상의 피해를 입힌 적이 있다.

커피나무가 라 로야에 감염되면 커피 나뭇잎의 뒷면에 노란색의 가루들이 발견된다. 처음에는 녹이 슨 갈색점이 생기다가 이어 잎이 떨어진다. 커피녹병이 심하면 커피생산량이 23%까지 감축된다. 콜롬비아에서는 8월부터 이듬해 3월까지 커피나무를 잘 살펴야 한다. 커피 나뭇잎이 이유없이 떨어지면 일단 커피녹병을 의심해야 한다. 라 로야는 높은 습도, 적은 일조량 및 선선한 날씨에 더욱 확산된다. 이 곰팡이는 수령이 오래된 나무, 영양분이 고갈되어 열매생산이 적은 나무를 집중적으로 공격한다. 한번 커피녹병이 생기면 여러 차례 농약을 살포해도 퇴치가 어렵다. 기존의 농약에 내성이 생겼기 때문이다.

커피녹병을 방지하기 위해서 가장 좋은 방법은 카스티요, 콜롬비아, 타비, 세니카페1 등과 같은 라 로야에 강한 커피품종을 심는 것이다. 커피연구소인 세니카페도 커피경작자들에게 이를 강력히 권고한다. 세니카페 연구소는 카스티요 품종을 더욱 세분화하여 각 지역에 맞는 품종을 만들었다. 즉, 카스티요 일반품종이 있고 북쪽지방 카스티요, 중부지방 카스티요, 남부지방 카스티요 씨앗을 각각 만들어 제공하고 있다. 일반적으로 부르봉, 티피카, 마라고지페, 카투라 품종은 라 로야에 취약하다.

곰팡이 살균제(fungicida) 살포도 중요하다. 파파야 나뭇잎으로 만든 용액을 살포하는 것도 효과가 있다. 아울러 라 로야가 침투하더라도 커피나무가 충분한 영양공급을 받고 건강하면 피해가 어느 정도 줄어든다. 사람이 충분한 영양공급을 받고 충분한 휴식을 취하면 감기에 덜

라 로야 곰팡이에 감염된 커피 나뭇잎의 뒷면

걸리는 것과 같다. 커피녹병을 방지하기 위해서는 비료와 석회를 주기적으로 뿌려주는 게 좋다. 커피나무 사이 간격을 조절하고, 가지치기를 하며 그늘을 만들어 주면 라 로야에 영향을 덜 받는다. 다른 병충해나 잡초도 잘 제거해야 한다. 약한 나무는 라 로야의 공격대상이 되기 때문이다.

포르투갈 지배하에 있던 동티모르에서 1927년에 변종 커피나무가 발견되었다. 그 나무가 발견된 농장에서는 아라비카 종과 로부스타 종을 혼합재배하고 있었으며, 우연히도 염색체가 아라비카와 같이 44개인 변종이 태어난 것이다. 아라비카는 염색체가 44개, 로부스타는 22개라서, 둘 사이에서 태어난 보통의 변종이라면 33개의 염색체를 가지고 있어야 하나 돌연변이가 생긴 것이다. 이 품종을 '하이브리드 티모르'로 명명했다. 이 교배종 커피나무는 44개의 염색체를 보유하고 있어 같은 44개의 염색체를 가진 아라비카와 교배하여 씨앗을 맺는 새로운 품종을 개발할 수 있었다. 연구를 통해 '카티모르'와 '살치모르' 품종이 나왔고, 콜롬비아와 중미국가들은 그 2개 품종을 토대로 커피녹병에 저항할 수 있는 품종들을 개발해냈다.

해충의 피해도 크다. 커피나무에 붙어사는 벌레들은 여러 가지가 있다. 나방애벌레(palomilla), 개각충(escama), 선충류(nematodo) 등은 커피나무 뿌리를 해치고, 탈라도르(talador), 미나도르(minador) 등은 나뭇가지를, 그리고 코르타도르(cortador)는 나뭇가지와 나뭇잎을 동시에 공격한다. 스페인어로 탈라르(talar)나 코르타르(cortar)는 모두 '자르다'라는 의미의 동사다. 커피경작 역사상 커피나무 열매를 파고 들어가는 브로카(broca)라고 불리는 천공충의 피해가 가장 크다. 검은색 바구미 모양으로 브로치의 머리 정도의 크기다.

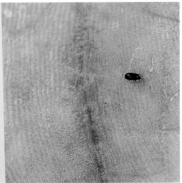

커피열매를 파고 들어가는 브로카 해충의 사람 손가락과의 크기 비교

　콜롬비아에서는 1988년부터 브로카의 피해가 보고되기 시작했으며 커피재배지 전역에 퍼졌다. 브로카는 커피 꽃이 핀 후 3~4개월 뒤에 덜 익은 초록색 커피열매를 공격하며, 일생의 거의 대부분 시간을 커피열매 속에 숨어있기 때문에 일반적인 살충제로 처리하기가 매우 어렵다. 따라서 커피열매 수확시에 브로카의 피해를 입은 열매를 잘 골라내어 처리해야 한다. 아울러 브로카의 천적인 말벌을 커피 밭에 풀어 놓거나 브로카를 죽이는 흰색곰팡이균을 퍼뜨리기도 한다. 수확시기에 브로카를 박멸하려면, 브로카가 퍼진 농장을 구별하여 땅바닥에 떨어진 열매를 주워서 인공섬유로 만든 자루에 넣고 브로카가 도망가지 못하도록 자루입구를 꼭 묶은 후에 처리해야 한다.

　브로카 벌레는 저지대에서 재배되는 커피나무에서 더 많이 번창한다. 다시 말하면 고지대에서는 1년에 1~2회 알을 낳지만, 저지대에서는 브로카가 수차례 알을 낳고 부화시키기 때문에 피해가 막심하다. 저지대에서도 커피나무가 생육할 수 있지만, 병충해나 생산성이 낮아 경제성이 없는 것이다.

07
체리에서 페르가미노 커피까지

　　보통 경우 커피열매는 처음에 녹색을 띠다가 노란색으로 변하며 무르익을 경우 빨간색이 된다. 따라서 붉은색의 커피열매를 수확한다. 붉은색의 커피열매는 버찌열매인 체리와 거의 같다. 그래서 붉은 커피 열매를 보통 체리라고 부른다. 그런데 성숙한 커피열매가 모두 붉은색은 아니다. 부르봉 아마리요 품종으로부터는 노란색 체리를 수확한다. 부르봉 품종의 변종인 카투라 품종에도 카투라 아마리야가 있고 역시 열매가 성숙하면 노란색이 된다. 아마리요(amarrillo, 남성형용사)나 아마리야(amarilla, 여성형용사)는 스페인어로 노란색이다.

　　필자는 중남미 지역 커피농장들을 방문하면서 인부들이 커피를 수확하는 것을 여러 번 보았다. 허름한 옷에 밀짚모자나 스카프를 두르고 허리에 바구니를 차고 익은 커피열매들만 손으로 하나하나 따낸다. 이를 핸드피킹(hand picking)이라고 한다. 한 나무에서 열리더라도 커피열매는 성숙 속도가 다르다. 따라서 커피나무 품종별로 차이가 있지만 보통 1년에 10회 정도 수확을 한다.

　　핸드피킹으로 수확할 경우 균일한 품질의 커피를 얻을 수 있지만

커피나무 곁가지 마디에 맺히는 커피열매

노임이 많이 나간다. 스트리핑(stripping) 방법도 있다. 핸드피킹과 같이 커피수확이 수작업으로 이루어지지만 나뭇가지에 달린 모든 열매를 손으로 훑어서 따기 때문에 균일한 품질이 보장되지 않는다. 그 경우 익지 않은 열매도 떨어지게 되고 오물도 섞이게 된다. 오물이 섞이지 않도록 바닥에 천을 깔기도 한다. 기계로 나무를 흔들어 따는 기계수확도 있다. 이는 평지에서만 가능하다. 경사지에서 커피나무를 재배할 경우에는 이 방법을 사용하지 못한다.

　중미지역 커피농가를 방문했을 때 인부들이 높은 커피나무에 붙은 커피열매를 어떻게 수확하는지 자세히 지켜본 일이 있다. 한 손으로 나무 윗가지를 휘어 당겨서 늘어뜨린 다음에 다른 손으로 열매를 따는 것을 보았다. 늘 궁금했던 것이 단번에 풀렸다. 백문이불여일견(百聞而不如一見)이라는 말이 이런 때 사용된다. 콜롬비아 나리뇨 주 탕구아 지역 농장을 방문했을 때 농장주인에게 중미지역에서 목격했던 커피수확 일화를 말해주었더니, 탕구아 지역의 커피나무는 기후요인으로 중미지

핸드피킹으로 수확한 커피체리

역만큼 높게 성장하지 않는다고 한다. 그리고 커피나무의 질이 단단하여 나무를 휘게 되면 쪼개진다고 한다. 그래서 가지치기를 해서 나무의 성장을 조절한다고 했다. 같은 품종이라도 생육환경이 다르면 커피나무도 주변환경에 맞게 변한다. 어느 지식이나 경험이든 이를 일반화하게 되면 오류를 범하기 쉽다는 교훈을 얻는다.

커피수확 인부들은 수확한 커피의 무게에 따라 임금을 받는다. 콜롬비아에서는 보통 1주일에 한 번 임금을 지불하는 게 관례이나, 커피수확이 적은 철에는 매일 지불하기도 한다. 보통 숙련된 커피수확 인부들은 50킬로그램 정도를 수확하는데, 하루에 20달러 내외의 벌이다. 무더위 속에서 가파른 경사지를 오르내리며 하루 종일 일하는 노임치고는 큰 액수가 아니다. 10여 년 전 이야기지만 중미지역에서 숙련된 인부가 하루에 10바구니의 커피를 수확하며, 한 바구니당 약 1달러의 임금을 받는다고 했다. 콜롬비아를 포함하여 중남미 커피생산지역 농촌에 공동화현상이 벌어져 노동력이 부족하다. 영세농장주들은 가족

콜롬비아 카우카(Cauca) 주 커피농장에서 커피수확 체험

노동력을 이용하지만 경작지가 넓을 경우 커피수확 인부들을 구하기 위해 전전긍긍한다.

커피를 가공하는 방법은 건식법과 습식법이 있다. 건식법은 드라이 프로세스(dried process) 또는 내추럴(natural, 스페인어로 나투랄로 발음)이라고 한다. 수확한 열매를 그대로 건조한 이후에 껍질을 벗겨서 페르가미노 커피를 생산한다. 물을 사용하지 않는 만큼, 과정이 단순하고 생산원가가 적게 든다. 반면, 습식법은 커피체리에서 데스풀파도라(Despulpadora)로 과육을 제거하고 점액질이 묻은 커피콩을 일정 시간 발효시킨 후에 이를 물로 씻어 낸 후 건조하여 페르가미노 커피를 생산한다. 데스풀파도라는 영어로 펄퍼(Pulper)다. 이 방법을 수세식(washed, 스페인어로 lavado)이라고도 한다.

반수세식(semi-washed) 방법도 있다. 커피체리에서 데스풀파도라를 통해 과육을 제거한 다음 점액질이 붙어있는 커피콩을 그대로 건조시키는 것이다. 이를 허니(honey) 프로세스라고도 한다. 허니프로세스를 거친 페르가미노 커피는 과육의 일부가 말라붙어서 알롤달록하다. 커피콩에 꿀이 묻어있는 모습이다. 콜롬비아에서는 보통 습식법을 사용하여 페르가미노 커피를 생산한다. 습식법을 사용하기 위해서는 많은 물이 필요하기 때문에 물이 부족한 곳에서는 이 방법은 비용이 많이 든다.

콜롬비아 커피산지의 대부분은 강수량도 많지만, 안데스 고산지에서 내려오는 눈 녹은 물도 풍부하다. 필자가 방문했던 커피농장들은 커피농장보다 높은 곳에 저수지를 만들어 눈 녹은 물이나 우기에 고인 빗물을 저장했다가 중력을 활용하여 고무호수를 통해 이를 끌어와 관개도 하고 커피가공에도 사용한다. 이러한 재배 및 가공과정으로 인하여 콜롬비아에서 생산되는 농산물 중에 커피가 가장 많은 물을 소비한다. 커피에 이어 물을 많이 소비하는 농산물은 옥수수, 쌀, 플라타노, 사탕수수 순이다. 아래에서 설명하는 가공과정은 콜롬비아에서 행해지는 습식법이다.

수확한 커피열매는 보통 물에 담가서 불순물을 씻어 내고 덜 익은 열매들 그리고 벌레가 먹거나 흠결이 있는 열매들을 골라낸다. 그 과정을 거친 후 데스풀파도라를 통해 과육제거 공정을 거친다. 커피열매는 40%가 과육이다. 수확한 커피열매는 수확 당일에 과육을 제거해야 한다.

수확 후 6시간이 경과한 후에 과육을 제거하는 것이 가장 좋다. 시간이 많이 지날 경우에 커피열매는 과육이 있는 채로 1차 발효과정에 돌입하게 되어 커피의 맛이 변질되고 좋은 등급을 받지 못한다. 체리 사이즈가 작아 데스풀파도라에서 과육이 제거되지 않을 경우 이를 모아서 작은 데스풀파도라라고 할 수 있는 레파사도라(repasadora)에

허니(Honey) 커피 생산을 위해 건조한 페르가미노 커피

다시 한 번 통과시켜 과육을 제거한다.

　과육이 제거된 커피콩은 발효(fermentación)과정을 거친다. 이 과정의 커피콩은 끈적끈적한 점액질(mucílago)로 싸여 있다. 점액질에 싸인 커피열매는 발효통에 넣어 12시간에서 18시간 정도 발효하도록 놔둔다.

　발효통은 보통 스테인레스로 만들며 커피콩을 넣기 전에 발효통의 물기를 완전히 제거해야 한다. 발효과정에서 커피콩에 붙어있는 점액질이 화학적으로 분해되며 이는 물세척 과정에서 쉽게 씻어진다.

　발효시간은 커피의 질에 결정적인 영향을 미친다. 지나치게 오래 발효되면 식초 맛이 나거나 썩은 냄새 또는 발효냄새를 풍긴다. 추운지역의 경우 발효시간을 더 길게 잡으며, 또 점액질의 양이나 커피열매의 성숙 정도에 따라 시간을 조절한다. 수확시간 또는 생산지역이 다른 커피열매를 함께 섞어서 발효통에 넣으면 안 된다. 커피열매와 그 발효과정이 모두 민감하기 때문이다. 발효시간이 길어지면 커피에 얼룩이 지고 무게가 줄어들며 식초 맛을 보인다. 커피의 질이 대폭 떨어지게 됨은 당연하다.

　발효과정을 끝낸 페르가미노 커피는 물세척(lavado) 과정을 거치

체리에서 과육을 벗겨내는 데스폴파도라 시설

플라스틱 통에서 발효중인 커피

며, 이 과정을 통해 점액질이 제거된다. 물세척은 보통 3회 정도 물을
바꾸어서 시행하며 발효통에서 이루어진다.

　　완전하게 물세척을 하지 않을 경우 2차 발효가 이루어진다. 그 경
우 커피콩의 건조시간도 길어지며 커피콩에 얼룩이 지고 맛도 변한다.
세척에 사용된 물은 당분이 섞여있어 강이나 하천을 오염시키므로 정
화조에 보관했다가 정제하여 방류시킨다. 커피농가의 세척물 처리는
항상 환경담당기관의 감시대상이다. 첫 번째로 세척한 물은 많은 영양
분을 함유하여 지렁이 먹이로도 사용된다.

페르가미노 커피 세척 과정

　물세척이 끝나면 건조과정이 시작된다. 보통 커피농가에서는 마당에 커피를 말리거나 난로가 설치된 인공 건조시설을 사용한다. 그 두가지 방법을 병용하기도 한다. 페르가미노 커피는 습기를 흡수하는 특성과 접촉하는 물건의 색깔을 흡수하는 성질이 있어 주의를 요한다. 자연건조가 가장 바람직하나 대량생산 또는 대량가공의 경우에는 인공시설을 사용할 수밖에 없다. 인공건조를 위해 원통모양의 구아르디올라(guardiola)를 사용하기도 한다. 생두를 통에 넣어 돌리면서 더운 바람을 불어넣는 시설이다.

　균일하게 건조를 시키기 위해서는 페르가미노 커피를 3센티미터 정도 두께로 얇게 바닥에 깔고 하루에 3~4회는 라스트리요(rastrillo)라는 갈퀴로 뒤적거려주어야 한다. 페르가미노 커피가 잘 말랐을 경우에 이를 엄지와 검지로 비벼보면 페르가미노와 그 안의 얇은 막이 부스러져 떨어져 나가고 녹색의 커피원두가 남는다. 페르가미노 커피의 수분 함유량이 12%가 될 때까지 건조한다.

　필자도 커피조합들을 방문하면서 창고에 쌓인 자루에서 페르가미노 커피콩을 꺼내 비벼본 적이 여러 번 있다. 커피경작자들은 보통 건

페르가미노 커피의 자연건조

조된 페르가미노 커피를 60킬로그램 자루에 넣어 커피조합이나 수출업자들에게 판매한다. 페르가미노 커피를 창고에 보관할 때도 많은 주의가 필요하다. 습한 곳에 보관할 경우 커피에 얼룩이 지거나 싹이 트기도 한다. 그 경우 트리야도라(Trilladora, 커피껍질을 벗기는 기계)를 통해 페르가미노 껍질을 벗겨보면 생두가 윤기가 없다. 심하면 커피의 향과 맛도 변질된다. 그러면 당연히 좋은 평가를 받지 못하며 페르가미노 커피 구입업자에게 가격을 깎게 할 빌미를 주게 된다. 페르가미노 커피가 충분히 건조되지 않았을 경우, 구입업자가 이를 다시 건조해야 하며, 그 비용이 커피생산자에게 전가됨은 물론이다.

페르가미노 커피 건조시설

콜롬비아 커피의 독특한 얼굴

01
평화의 커피

　미국국제개발처(USAID)는 2019년 콜롬비아 커피엑스포를 계기로 콜롬비아 커피생산자협회와 공동으로 '평화의 커피 프로젝트(Café para la Paz)'를 시작했다. 반세기 내전으로 피해가 심했고 또한 불법작물이 재배되는 지역에서 주민들에게 커피경작과 판매를 지원하여 복지를 향상시킨다는 계획이다. 계획의 핵심은 수확 및 수확 후 관리를 개선하여 생산성을 향상시키고, 커피생산자 조직을 결성하고 그들의 활동을 지원하며, 그들이 생산한 커피가 국제시장에 보다 쉽게 접근할 수 있도록 돕는 것이다.

　안티오키아(Antioquia), 카케타(Caqueta), 카우카(Cauca), 메타(Meta), 볼리바르(Bolivar) 남부지역 및 바예 데 카우카(Valle de Cauca) 총 6개 주의 34개 시(Municipio)에 거주하는 커피농가들이 지원 대상이다. 그들은 지금까지 이 프로젝트를 통해 400톤 가량의 커피를 수출했다. 보고타 주재 미국대사관은 프로젝트의 일환으로 세계 커피수입업자들이 참가하는 웨비나와 더불어 콜롬비아 커피생산지 투어도 주선했다. 그 프로젝트와 커피투어에 한국의 커피수입업자들도 참여했다.

20세기 들어서 콜롬비아 마일드 아라비카 커피에 대한 수요가 증가되자 콜롬비아에서 커피생산이 급격히 증가되기 시작했다. 그러면서 커피경작지가 산간오지로 확대되어갔으며 한편으로는 토지소유가 집중되어 대농장이 만들어지기도 했다. 1950년대에 결성된 반정부무장단체들이 커피경작지에 나타나 농민들을 위협하고 토지를 강탈하면서 강제이주가 발생했다. 1984년부터 1995년까지 이 현상이 더욱 심화되었으며 코카재배와 마약거래도 증가했다. 불법무장단체들의 영향력이 확대되자 커피의 생산성이 떨어지고 커피경작농민들의 복지도 악화되었다.

커피는 산악지역에서 재배되는지라 국가의 공권력이 그곳까지 미치지 못해 무장게릴라들이 커피경작지를 장악하기가 쉬웠다. 특히, 내전의 중심지였던 우일라(Huila), 나리뇨(Nariño) 등 남부지역에서 농민들이 대거 탈출하여 많은 토지가 버려졌고, 그에 따라 커피경작지도 대폭 줄어들었다. 커피경작 기술이 퇴보하고 투자가 중단되었다. 그러나 2003~2006년간 우익민병대(AUC)의 무장해제가 시행되고 2016년 11월 콜롬비아 정부와 콜롬비아무장혁명군(FARC) 간에 평화협정이 체결됨으로써, 치안이 점차 회복되고 어쩔 수 없이 고향을 떠났던 농민들이 고향으로 돌아오고 있다.

FARC와 평화협정이 체결된 이후 1년이 안 된 시점에 11만 명이 넘는 커피경작자들이 내전희생자(víctimas)로 등록되었다. 이는 콜롬비아 전체 커피경작자의 20%나 되는 숫자다. 콜롬비아 정부는 2011년에 폭력희생자 보호 및 토지반환법(Ley de Víctimas y Restitución de Tierras)을 제정하여 희생자들에게 보상을 제공해오고 있다.

콜롬비아 커피생산자협회는 평화협정 체결 1주년에 내전중심지였던 콜롬비아 남부 카케타 주 수도 플로렌시아(Florencia)에서 '화해의 커피(Café de Reconciliación)'를 출시했다. 그와 더불어 네스카페 사와 협력하여 카케타 주에서 생산된 커피를 사용하여 '평화의 여명(Aurora de Paz)' 이름을 지닌 캡슐커피도 내놓았다. 2014년에 콜롬비아에 진출한 네스카페는 2022년 2월 현재 콜롬비아 9개 주에서 4만 커피농가들과 협력하고 있다.

이 기업은 15년 전부터 콜롬비아에서 트리플 에이(AAA) 퀄리티 프로그램을 시행해오고 있으며, 커피 생산 확대를 위해 2012년에 8,500만 달러를 투자했다. 트리플 에이 프로그램은 지속가능하고 생산성을 높이는 경작방법을 채택하도록 하여 양질의 커피를 생산하도록 유도하고, 그럼으로써 네스카페는 보다 안정적으로 좋은 커피를 공급받게 되는 것이다. 네스카페는 프로그램 참여 탁월한 커피를 생산한 커피경작자들에게 상금 성격의 보조금(prima)을 제공한다.

2021년 9월에는 평화커피 생산 및 가공 과정에 종사하는 무장해제자들이 국가커피협회(Federación Mesa Nacional de Café)를 결성했다. 이 과정에서 콜롬비아의 평화정착을 지원하는 각종 단체들이 큰 도움을 주었다. 콜롬비아 정부는 무장해제자들의 사회편입을 위해서 4,089개의 생산프로젝트를 시행하고 있으며 그중 235개 가 커피생산과 관련된 프로젝트다.

무장해제자들이 결성한 국가커피협회에는 9개 주로부터 29개 단체가 가입했으며 총 회원수는 1,026명이다. 그들은 2021년 11월 평화협정 체결 5주년을 계기로 '트로피코스: 희망의 열매(Trópicos: Frutos de la Esperanza)' 커피상품을 출시했다. 이 커피는 8개 주에서 무장해제자들이 생산한 커피를 혼합한 블렌드(blend) 커피다.

톨리마(Tolima) 주 남부지역의 플라나다스(Planadas) 시 작은 마을

콜롬비아 평화협정 5주년 기념으로 생산된 '트로피코스: 희망의 열매' 커피제품

에서도 무장해제자들은 '세 번째 협정(El Tercer Acuerdo)' 커피를 생산한다. 톨리마 주 커피는 화산재로 이루어진 토양에서 생산되어 향미가 강하며 특히, 살구 및 복숭아 향이 난다. 이 지방에서는 연중 무공해 유기농 커피가 생산된다. 커피상표의 이름이 특이하다. 왜 그러한 이름을 붙였을까?

그들의 설명에 의하면 첫 번째 협정은 무장게릴라단체(FARC)와 원주민 부족 나사(Nasa)와의 1996년 협정이고, 두 번째 협정은 콜롬비아 정부와 FARC 간의 평화협정을 의미하며, 커피상표인 세 번째 협정은 콜롬비아에서 폭력이 완전히 사라지게 되는 미래의 협정이라고 한다. 커피상표가 평화에 대한 소망을 담고 있다.

플라나다스 지역은 FARC의 21여단(Frente 21)의 본거지였다. 따라서 FARC와 전쟁을 해온 콜롬비아 우리베 대통령 정부는 그곳을 '전략적인 회복지역'으로 선포했었다. 수년 전만 하더라도 그 지역이 너무 위험하여 아무도 그곳으로 들어갈 엄두를 내지 못했었다. 커피재배를 매개로 커피농가, 내전피해자 그리고 무장해제자들 간에 화합이 이루어지고 있다. 커피와 카카오 생산자단체(Asopep)도 무장해제자들에게

데스풀파도라를 통해 벗겨진 커피체리 과육

상품의 수출 및 기술교육 등을 지원하고 있다.

우리나라도 코이카 프로젝트를 통해 콜롬비아 평화정착을 지원하고 있다. 우리나라는 콜롬비아를 세 번 연속으로 무상원조중점협력국가로 지정했다. 그리고 지역개발, 산업개발, 교통 그리고 평화정착 4개분야를 중점협력분야로 정하였다. 6.25전쟁의 피해를 겪은 우리 정부는 코이카를 통해 반세기 내전을 이어온 우방국 콜롬비아를 그냥 바라볼 수만은 없다는 생각으로 다양한 지원사업을 진행하고 있다. 콜롬비아는 중남미에서는 유일하게 5천명이 넘는 젊은이들을 한국전쟁에 파병했다.

카우카 주에서 무장해제자들이 '파스카페(Pazcafé)'라는 이름을 지닌, 커피부산물을 활용하는 기업을 설립했다. 콜롬비아 커피기술혁신기관인 테크니카페(Tecnicafé)가 그들에게 커피전문가 과정을 제공하여 커피 경작, 수확, 건조 등 방법을 가르쳤으며, 그들은 그 과정을 통해 커피부산물이 환경오염을 유발한다는 것을 알게 되었다.

습식가공 커피를 생산하는 과정에서 커피체리 과육이 강물로 유입되면 물고기들이 죽는다. 과육이 분해되면서 물속의 산소를 빼앗기 때문이다. 강물에서 악취가 풍긴다. 요즈음에는 과육처리에 지렁이를 활

커피체리 과육을 먹이로 사용하여 키운 지렁이

용하기도 한다. 3개월 정도 지나면 과육이 훌륭한 유기농 비료가 된다.

무장해제자들은 커피체리의 과실부분을 재활용하여 코카다(과자), 아레키페(우유설탕조림), 영양식 막대과자, 알미바르(시럽) 등을 만든다. '파스카페'는 여성커피경작자단체로부터 커피부산물을 구입한다. 어려운 사람들끼리 상부상조하는 좋은 사례다.

무장해제자들은 유럽에서 개최되는 커피전문가 경연대회에서 출전하여 입상하기도 했다. 커피를 통해 그들은 건강한 시민으로 재탄생하기 위한 사회재정착 과정을 차근차근 밟아가고 있다. 14~15세 어린 나이에 불법무장단체들의 강제징발을 통해 정글로 들어간 게릴라들은 20~30년 만에 평화협정을 통해 무기를 내려놓은 지라 사회적응이 매우 어렵다. 따라서 콜롬비아 정부는 이들의 사회정착을 돕기 위해 길게는 7년 동안의 재교육 과정을 시행하고 있다. 우리가 마시는 콜롬비아 '평화의 커피'는 무장해제자들의 사회정착을 위한 재원으로 활용되는 만큼, 콜롬비아에서의 항구적 평화 구축을 지원하는 의미가 있다.

원주민을 대상으로 한 코이카의 카카오 열매 생산성 확대 협력 사업장 방문

02
예수회 수도원 커피

　나리뇨 주 수도인 파스토 시를 방문중에 파스토 시 카톨릭 교구(Diócesis Pasto)를 방문했다. 영세 커피경작자들을 위한 프로젝트 설명회가 그곳에서 개최되기 때문이다. 건물 중앙정원이 우아하게 잘 가꾸어져 있고 오래된 콜로니얼 스타일의 교구건물이 잘 보전되었다. 스페인식 콜로니얼 건물에는 항상 중앙정원이 있으며, 이는 건물에 채광통로가 되기도 하고 그곳에 사는 사람들에게 신선한 공기를 공급하는 허파 역할을 한다. 후안 카를로스 카르데나스 토로(Juan Carlos Cárdenas Toro) 주교가 우리를 반갑게 맞았다. 마스크를 착용했지만 카르데나스 주교의 인자하고 온화한 말씨와 따뜻한 환영에 긴장이 순식간에 사라졌다.

　사전 설명이 없었지만 금방 상황을 파악했다. 카톨릭 교구는 그들이 추진하는 영세 커피농 소득향상 프로젝트에 우리 대사관이 참여하기를 기대하고 있었다. 하메스 모랄레스 사회국장(Director de Pastoral Social)이 나와서 설명한다. 프로젝트 요지는 나리뇨 주 4개 시에서 1헥타르 미만의 경작지를 보유한 400명의 영세 커피경작자들을 규합하여

67

후안 카를로스 카르데나스 파스토 시 주교 면담

양질을 커피를 생산하도록 하고 생산된 커피를 가공하여 수출한다는 것이다. 이미 127톤의 커피를 직접 수출한 실적이 있다고 한다. 한국에도 커피를 수출하기를 희망했다.

커피 프로젝트 설명에 이어 교구가 행하는 각종 보건, 교육 및 사회사업에 관한 설명이 이어졌고, 카톨릭 교구가 신설한 카톨릭 대학교의 소니아 고메스(Sonia Gomez) 총장이 대학교가 어떻게 설립되었고 어떤 사업에 중점을 두는지를 소개했다.

파스토 시 카톨릭 교구는 민간단체인 카톨릭구제서비스(Catholic Relief Services) 및 카르카페 재단(Fundación Carcafé)과 협력하여 에콰도르와의 국경지대 커피 프로젝트(Proyecto de Café Transfronterizo)도 추진중이라고 했다. 나리뇨 주의 탐보, 차차기, 부에사코, 리나레스, 사마니에고 시 등이 사업대상이다. 각 커피경작농가들을 하나하나 관찰하고 분석하여 최적의 커피경작 방법을 권고한다. 커피가공센터(Centrales de Beneficio Comunitario)를 설립하여 커피농들에게 필요한 가공기술을 제공한다. 커피경작자들에게 농업협동기업(Empresas Asociativas Rurales)을 설립하도록 하여 커피의 부가가치를 높이는 동시에 단체나 기업들과의 교섭에서 불이익을 당하지 않도록 한다. 카톨릭 교구의 노력으로 12개의 농업협동기업과 126개의 농민그룹이 탄생했다고 한다.

카톨릭 교구에서 필자에게 '비야 로욜라(Villa Loyola)' 상표의 커피 한 봉지를 선물했다. 예수회 수도원 커피라고 한다. 이 커피는 유기농 커피로 차차기 시에 소재한 '비야 로욜라' 커피농장에서 생산된다.

농장을 '아시엔다(hacienda) 로욜라' 또는 '핑카(finca) 로욜라'라고 부른다. 아시엔다는 식민지 시대 용어로 지주들이 운영하는 대농장이다. 핑카는 요즈음에도 자주 사용되며, 도시 교외의 여름집을 의미한다. 로욜라 유기농 커피는 2008년 콜롬비아 남부지역 컵 오브 엑셀런스에서 92.39점을 받아 1등으로 입상했다.

로욜라 상표는 지적인 호기심을 자아내게 한다. 로욜라는 스페인 바스크 지방의 귀족가문 출신의 기사인 동시에 사제로 15~16세기에 예수회(Compañía de Jesús)를 창설했다. 중남미에서 카톨릭 수도원이나 대학교 등 이름에 로욜라가 붙은 게 많아서 그런지 친숙하게 느껴진다. 성스러운 사제 이름이라 커피 맛이 뭔가 다를 듯하다.

필자는 아르헨티나에 두 번에 걸쳐 6년이나 근무했다. 그 시절 꿀을 정말 많이 먹었다. 설탕 대신에 음식재료로 꿀을 사용했고 과일엑기스를 만들 때에도 설탕이 아니라 꿀을 넣었다. 아르헨티나가 중국에 이어 세계 제2위 꿀 생산국이고 제1위 꿀 수출국이기 때문에 꿀이 정말 싸고 흔하다. 동네 시장에 가면 드럼통에 든 꿀을 작은 플라스틱 통에 덜어서 판다. 그럼에도 불구하고 필자는 늘 투쿠만(Tucuman)이라는 북

로욜라 수도원 커피

쪽 도시에서 생산되는 '수도원 꿀(Miel de Convento)'만을 사용했다. 투
쿠만 시를 방문할 때마다 그 꿀을 사러 자동차로 2시간이나 걸리는 수
도원을 찾아갔다. 수도원이 지니는 아름답고 깨끗한 이미지 때문이다.
수도승들이 생산하는 꿀은 영혼을 정화시키는 마력을 가지고 있을 것
이라는 믿음이 있다. 그때 먹었던 레몬즙을 섞은 꿀맛이 지금도 군침을
돌게 만든다.

　로욜라 농장의 소유주는 당초 민간인이었으나 예수회에 헌납하였
다고 한다. 현재 농장은 '수유사마 재단(Fundación Suyusama)'이 운영한
다. 수유사마는 케추아어로 아름다운 지역이라는 의미다. 이 재단은 농
민과 대학생을 대상으로 직업교육을 담당한다.

　로욜라 농장 커피는 유기농 방식으로 재배되며, 이곳에서 생산된
커피는 농장에서 가공 및 포장과정을 거쳐 예수회 소속 학교들에 공급
된다. 일부는 미국 로스팅 기업에 판매되고, 파스토 시 커피가게에도
공급되며 이탈리아에도 수출된다. 미국의 PT's Coffee사와 Bird Rock

Cafe사가 비야 로욜라 커피를 판매한다. 인터넷으로 검색해보니 소매업자인 PT's Coffee사는 로욜라 커피 12온스 한 봉지에 18달러 가격을 매겼다.

로욜라 농장은 유기농 및 환경혁신센터로도 운영된다. 커피를 평가하고 가공하는 시설을 갖추고 있다. 토양, 유기농 비료, 커피 생산성 향상, 커피가공기술 등을 연구한다. 예수회 신부들이 콜롬비아에 처음으로 커피나무를 들여온지라 예수회 커피농장에서 생산하는 커피에는 특별한 의미가 있다. 19세기에 커피가 처음으로 콜롬비아에 들어왔을 당시 로메로 신부가 산탄데르 지방에서 고해성사를 활용하여 커피재배를 확대시켰다고 한다. 커피나무를 도입한 예수회 신부들은 커피나무 종류를 교배하여 신품종을 만들기도 했다.

로욜라 농장에서는 그때 당시 만들어진 2종류의 교배종을 지금도 재배한다고 한다. 예수회 신부들은 영혼을 구원했을 뿐만 아니라, 과학자이고 교육가이며 철학자였다. 커피 한잔을 만들기까지 가공하는 과정에서 140리터의 물이 소비된다고 한다. 로욜라 농장에서는 빗물을 받아서 사용하며, 커피를 로스팅할 때 섭씨 93.2도로 볶는 온도를 유지한다고 한다. 로욜라 농장의 자연친화적인 커피재배와 섬세한 가공방법이 이채롭다.

03
여성의 커피

    콜롬비아에서 슈퍼마켓에 진열된 커피를 관찰하다 보면 커피봉지에 여성의 커피(Café de Mujeres)라고 쓰여 있는 것을 심심치 않게 본다. 여성 소비자를 위한 커피가 아니라 여성 경작자가 생산한 커피다. 사회적 약자인 여성이 생산한 커피이므로 특별한 배려가 필요하다는 메시지가 숨어있다.

    이를 이해하기 위해서는 콜롬비아의 내전의 역사를 돌아보아야 한다. 1960년 대 초부터 2016년 11월 콜롬비아 정부와 콜롬비아무장혁명군(FARC) 간 평화협정이 체결될 때까지 엄청난 인적 및 물적 피해가 발생했다. 2022년 7월 발표된 진실위원회(Comisión de la Verdad) 보고서에 의하면 사망자가 45만 명에 이른다. 37,000명이 납치되었다. 8만 명이 실종되었고 7만 명의 생사를 아직 모른다. 900만 명의 강제이주자(desplazados)도 발생했다.

    유엔난민기구(UNHCR)에 의하면 콜롬비아 강제이주자가 시리아에 이어 두 번째로 많다. 내전 과정에서 여성들은 인권침해의 대상이 되었고 남편들이 납치되거나 살해되어 그들이 홀로 가정을 책임져야 했다.

콜롬비아 정부는 여성가장의 경제력 향상에 중점을 둔 사회복지정책을 적극적으로 시행해 오고 있다. 특히, 마르타 루시아 라미레스(Marta Lucía Ramírez) 부통령은 내전피해 여성의 경제력 향상에 관심을 두고 여러 프로젝트를 시행했다.

콜롬비아 커피생산자협회와 각 주 지부도 여성커피경작자들을 지원하기위한 특별프로그램을 운영해오고 있다. 특히, 여성커피경작들을 대상으로 다양한 교육프로그램을 마련하여 새로운 커피경작 기술을 제공하고 커피에 부가가치를 높일 수 있는 방법들을 제시한다. 여성경작자들의 조직화도 지원하고 있다.

우일라 주는 40개 여성단체에 소속된 1,300명의 여성들에게 생산성 향상 교육을 실시했다. 이들 중에는 미혼모, 과부, 원주민(indígenas), 아프리카계와 내전에 따른 강제이주자도 포함되어 있다. 이들은 이 과정을 통해 가족 부양능력을 확보했고 또 잃었던 자존감을 회복했다. 여성커피경작자단체들은 자녀들의 교육과 청소년들의 사회적응을 지원하는 활동도 한다.

'50 아미가스(50 amigas)'라는 상표를 가진 커피가 있다. 콜롬비아 내전의 중심지역이었던 카우카 주 여성커피경작자들의 모임(AMUCC)에

여성이 생산한 커피라고 명시한 프리다 칼로 커피제품

소속된 50명의 회원들이 자신들이 생산한 커피를 상품화한 것이다. 그들은 무공해 유기농 커피를 생산한다. 분쟁을 겪은 지역에서는 여성들의 금융기관 접근이 매우 어렵다. 담보도 없고 보증인을 세울 수도 없다. 따라서 유엔이 주도하여 민간기업들과 공동으로 혼합기금(Blended Finance)을 조성했으며 그들에게 금융지원과 기술지원을 했다. 50명의 여성커피경작자들은 혼합기금을 사용하며 커피경작, 수확 후 관리, 상품화, 판매 등 모든 분야에서 혁신을 했다. 자신들 고유의 상표를 가진 무공해 스페셜티 커피를 상업화하였고, 이를 직접 국제시장에 판매했다. 그들은 과거보다 5배 이상의 수익을 올리고 있다.

2018년 국제커피기구(ICO)가 발표한 커피분야 성평등 보고서에 의하면 세계 커피농장의 20~30%는 여성이 운영하며, 커피생산에 필요한 노동력의 70%는 여성이 제공한다. 필자가 방문했던 농장에서 커피를 수확하는 노동자들의 대부분이 여성이었던 것으로 기억된다. 커피산업에서 여성의 역할이 점점 부각되고 있다. 특히, 커피를 수확하고 생두에서 불량품을 골라내고 건조하는 일들은 여성들이 한다.

누군가는 커피열매가 비교적 가볍고 커피수확에 기계나 칼과 같은 연장을 사용하지 않기 때문에 여성과 아동의 노동력이 많이 투입된다고 설명한다. 위험하고 힘든 작업이라면 그들이 동원되지 않을 것이라는 얘기다. 맞는 말이다. 커피산업에 종사하는 여성들은 대부분 저임금에 시달리고 있고 교육도 제대로 받지 못하는 게 현실이다. 변화가 일고 있다. 커피농장을 보유하는 여성이 늘어나고 커피매장을 운영하는 여성이 많아지고 있는 추세다. 현재 세계여성커피연맹을 비롯한 여러 단체에서 여성의 역할을 부각시키면서 지원하고 있다.

한국의 코이카도 콜롬비아의 평화정착에 기여하기 위해 국제기구들과 협력하여 분쟁지역 여성들의 생활능력 및 소득향상을 지원하는 프로젝트를 추진해오고 있다. 그 하나는 나리뇨, 카우카, 바예 데 카우카 및 초코 4개 주가 대상이다. 여성들이 주도하는 농민조합이 생산한 농산물을 구입하고, 농산물 생산에서부터 판매까지 농업가치사슬을 강화시키는 사업이다. 또 다른 사업은 바예 데 카우카, 카우카 및 나리뇨 주의 12개 시에서 여성들의 지속가능한 경제역량을 강화시키는 사업이다. 여성조합이 생산하는 상품의 시장경쟁력을 강화시키는 데 목적이 있다. 이 사업들을 위해 코이카는 유엔여성기구(UN Woman) 및 유엔인구기금(UNFPA)과 협력하고 있다.

04
공정무역 커피

　콜롬비아에서 처음으로 공정무역 인증을 획득한 커피경작자 단체는 아스프로카페 잉그루마(Asprocafé Ingruma)다. 아스프로카페는 1992년에 처음으로 커피조합 자회사인 엑스포카페(Expocafé)를 통해 공정무역커피를 외국에 수출했다. 이 단체는 칼다스 주 리오수시오(Riosucio) 시에서 인간의 존엄성과 연대를 기치로 영세 커피경작자, 원주민 그리고 농민들의 생활향상을 위해 결성되었다. 이 단체는 잉그루마 상표를 가진 유기농 무공해 커피를 생산한다. 잉그루마는 '단단한 바위'라는 뜻의 원주민 말로 리오수시오 시의 상징이다. 잉그루마 커피는 강한 과일 및 초콜렛 향과 신맛 그리고 초콜릿, 곡물, 과일 및 캐러멜 맛을 겸비한 중간 또는 높은 정도의 바디를 갖고 있다.

　콜롬비아에서는 엑스포카페가 공정무역을 주도하고 있다. 처음에는 공정무역 상품이 커피 1개종목이었으나 지금은 카카오, 바나나, 꽃, 과일, 공예품 등으로 확대되었다. 현재 콜롬비아에서는 생산자, 가공업체, 수출업체 등 120개의 기관이나 단체들이 공정무역 인증을 사용하고 있으며, 커피는 70개 기관 그리고 바나나는 36개 단체가 공정무역

공정무역 및 공정무역기구 로고

인증을 사용한다.

커피경작자들이 공정무역에 참여하려면, 적절한 크기의 비즈니스 규모, 지속적인 품질 개선, 장기계약 등의 필수요건을 갖추어야 한다. 국제적인 공정무역 인증제도는 NGO인 막스 하벨라르(Max Havelaar) 재단에 의해서 1998년에 도입되었다. 지금은 국제공정무역기구(FLO: Fairtrade Labelling Organizations International)의 심사를 통해 인증사용이 허용된다. 막스 하벨라르는 1860년 출간된 네델란드 소설 제목으로, 이 소설은 인도네시아 자바지역의 커피농들에 대한 비인격적인 대우를 문제삼고 있다.

1988년에 우일라 주 캄포알레그레(Campoalegre) 시에 '라 에스페란사(La Esperanza)'라는 이름의 협동단체가 결성되었다. 이들의 활동목적은 자신들이 거주하는 마을의 교육을 개선하고 공공보건 수준을 높이며 환경문제에 대한 주민들의 인식을 제고하는 것이었다. 그들은 활동을 강화하면서 1996년에 카데피우일라 커피조합과 함께 공정무역(Comercio Justo/Fair Trade) 인증을 받았다. 공정무역인증은 22개국에서 사용되며 이 인증을 획득하기 위해서는 경제적 요건뿐만 아니라 사회

공정무역 커피 홍보 포스터

및 윤리적 요건을 충족해야 한다. 라 에스페란사 소속 커피경작자들은
현재 엑스포카페를 통해 독일 등에 1,000 카르가(carga)의 공정무역커
피를 높은 가격으로 수출한다. 1카르가는 125킬로그램으로 1,000카르
가는 125톤이다.

커피재배 지역에서 커피산업은 경제, 정치, 사회구조의 형성을 좌
지우지했다. 역사적으로 식민지 시대의 커피산업은 식민지 원주민들과
아프리카 노예들의 노동을 착취하는 형태로 유지되어왔으며, 식민지
독립 이후에는 커피생산지역 주민들의 노동력 착취로 커피경작이 이루
어졌다. 커피의 단일경작이 노동착취와 토지강탈을 심화시켰다. 한편,
커피산업이 수출에 집중함으로써, 전통적인 자급자족 농업방식이 사라
지게 되었으며, 그럼으로써 국가경제의 외국의존도도 확대되었다.

다른 한편으로는 커피가 코모디티(commodity) 상품이 되면서 커피
농가들에게는 중요한 환금작물이 되었다. 또한 커피는 유기농 상품 생
산, 공정무역, 철새 서식지 등의 모델이 되기도 했다. 중남미국가들은
커피산업으로 축적된 자본으로 항구들을 정비하고 내륙과 항구를 잇는
철도망을 구축하는 등 인프라를 강화할 수 있었다.

커피는 노동집약적 산업이다. 커피는 콩이나 옥수수보다 노동집약

도가 3~5배, 면화나 사탕수수보다 20배나 높다. 중남미에 커피가 이식된 지 200년이 넘었지만 예나 지금이나 핸드피킹 수확방식은 그대로다. 중남미에서 커피수확에 참여하는 인구는 8천만 명이나 된다고 한다. 중남미 인구가 6억 4천만 명이므로 커피수확인구가 12%가 넘는다. 중남미에서 20개국 정도에서만 커피가 생산되는 만큼, 커피생산지에서 수확인구의 비중은 12%를 훨씬 초과할 것이다. 일반적으로 커피는 우리 삶에서 여유로움이나 세련됨을 상징하지만 커피경작자들의 삶은 전혀 다르다. 그들에게 커피는 생존의 수단이다. 커피를 통해 부가 만들어지는 곳은 생산지가 아니라 소비지다. 커피생산지 지도와 빈곤지도가 거의 겹치는 것이 이를 여실히 증명한다.

공정무역은 빈곤의 완화와 지속가능한 발전을 위한 수단이 되고 있다. 전통적인 무역관행 때문에 불이익을 당하고 경쟁에서 밀려난 생산자들에게 기회를 제공한다. 공정무역은 한마디로, 저임금으로 일하는 커피농들에게 그 노동에 합당한 임금이 지불되도록 하자는 것이다. 공정무역에 따른 공정가격은 현지 사정에 맞게 대화와 참여를 통해 합의된 가격으로, 생산원가를 반영할 뿐만 아니라 사회적으로 공정하고 환경적으로도 건전해야 한다. 이 가격을 통해 모든 남성과 여성의 노동이 정당하게 평가받아야 한다.

미국에서 지난 45년 동안 커피 한 잔의 가격이 6배 이상 올랐으나, 커피생두 가격은 그대로라고 한다. 일반적으로 커피가 만드는 총부가가치 중에서 커피생산지역에 남는 것은 대충 10% 정도라고 한다. 그 10%에서 커피생산에 필요한 비료 등 농자재 비용을 빼고 남은 미미한 부분만이 커피농에게 돌아간다. 이와 같은 사례만 보더라도 국제커피가격에 문제가 있고 그 가격이 공정하지 못하다는 것을 알 수 있다. 공정무역 커피에 대한 반발도 있다. 공정무역커피단체들은 소비자들에게 충분한 임금을 받는 노동자들이 생산한 커피를 마시라고 말하면서도, 한편으로는 공정무역커피를 사도록 하기 위해 사람들에게 죄책감을 유발시킨다는 것이다.

스타벅스는 한때 억울하게도 공정무역커피를 팔지 않는 악덕기업으로 몰린 적이 있다. 1999년 세계무역기구(WTO) 각료회의가 시애틀에서 개최되었을 당시 시위대는 스타벅스 매장에 돌을 던지고 에스프레소 머신을 마구 부쉈다. 그런데 당시 스타벅스는 커피생산자들에게 비교적 대우를 잘해주었고, 공정무역커피생두가 스타벅스의 품질기준에도 못 미치는 경우가 있었음에도 불구하고 공정무역커피 구매를 2배나 늘렸다. 이를 통해 스타벅스는 세계 최대의 공정무역커피 구매자가 되었으며, 공정무역커피 협동조합들의 운영을 지원하고 기술을 공급하며 회원들에게 교육기회도 제공하고 있다.

토마스 프리드먼(Thomas Friedman)은 그의 책 '세계는 평평하다: 21세기의 짧은 역사'에서, 인터넷과 휴대전화로 인해 세계에서 경쟁의 장이 평평해지면서 제3세계에서도 소통하고 사업을 하는 일이 가능해졌다고 했다. 이제 콜롬비아 시골의 젊은 커피농장주들도 인터넷이나 휴대전화를 통해서 커피에 관한 지식뿐만 아니라 커피가격이나 시장정보를 찾는 일이 과거보다 훨씬 쉬워졌다. 그들은 뉴욕 커피시장이나 로스팅업체가 거래하는 생두의 가격에 관한 정보에 쉽게 접근할 수 있다. 그런 상황이므로 과거처럼 커피구매자들이 커피생두 가격을 턱없이 낮게 내려쳐서 이익을 챙기는 게 쉽지 않다.

05
아모르 페르펙토

아모르 페르펙토(Amor Perfecto)는 스페인어로 '완벽한 사랑'이다. 이는 콜롬비아의 한 커피기업의 이름이고, 카페의 이름이며 그리고 커피상품의 이름이다. 이 기업은 콜롬비아에서 작은 반란을 일으켰다. 왜 세계 3위 커피생산국이며 양질의 커피를 생산하는 콜롬비아 국민들이 좋은 커피는 모두 수출하고 낮은 질의 커피만 마셔야만 하는 데 대한 항의였다. 그 반란은 아모르 페르펙토의 사장인 루이스 페르난도 벨레스(Luis Fernando Vélez)로부터 시작되었다.

그는 1992년 영국에서 개최된 마른 꽃 박람회에 참석했다가 고급 커피 경험을 한 후에 콜롬비아에 돌아와 고급커피를 제공하는 비즈니스를 하겠다고 결심했다. 그는 처음에 보고타에서 작은 선물가게인 '아모르 페르페이투(Amor Perfeito)'를 열었다. 나중에 이 가게의 일부에 카페를 오픈했다. 그곳이 고급커피를 마실 수 있는 장소로 널리 알려지면서 사람들이 물어물어 찾아왔다. 독특한 가게이름도 사업의 성공에 한 몫했을 것이다. 아모르 페르페이투는 포르투갈어로 스페인어와 마찬가지로 '완벽한 사랑'을 의미한다. 브라질의 저명한 가수 호베르투 카를루

아모르 페르펙토 사가 생산하는 커피제품

스(Roberto Carlos Braga)가 부른 노래의 제목이다.

　그런데 당시 콜롬비아에서는 법에 따라 양질의 커피는 모두 수출하도록 되어 있었고, 콜롬비아 국내기업들이 고급커피를 국내에서 구입하여 로스트하고 판매하는 게 금지되었다. 콜롬비아에서는 그 법을 '파시야 및 리피오' 법이라고 불렀다. 자조적이다. 파시야(pasilla)는 흠집이 있는 커피콩이라는 말이고 리피오(ripio)는 커피를 내린 후 남은 커피 찌꺼기를 의미한다.

　아모르 페르페이투 사장은 법령을 어겨가면서까지 양질의 커피 조달을 위해 모든 노력을 다했다. 1997년에는 커피 로스트 기계를 설치했다. 수출업자에게서 수출쿼터를 소진하고 남은 커피를 구입하여 이를 로스트하여 판매했다. 결국 벨레스가 승리했다. 그는 콜롬비아 커피 생산자협회를 설득하였고, 콜롬비아 정부는 2003년에 '파시야 및 리피오' 법을 수정했다. 그는 가게 이름을 스페인어로 바꾸었다. 벨레스 사장은 지금 보고타에서 4개의 '아모르 페르펙토(Amor Perfecto)' 매장을 운영한다. 고급커피를 음료로 서브하기도 하고, 볶은 커피와 가루 커피를 판매하기도 한다. 커피상표도 '아모르 페르펙토'다. 그는 지금도 영

페르가미노 커피에서 파시야(pasilla)를 골라내는 과정

세 커피경작자들을 찾아다니며 새로운 맛과 향을 지닌 독특한 양질의 커피를 찾고 있다.

2022년 초 루이스 페르난도 벨레스 사장이 한 신문과 인터뷰를 했다. 2021년 커피매출이 2년 전에 비해 거의 100%까지 성장했다고 한다. 이는 2021년 4~5월에 발생한 총파업과 도로봉쇄 상황에서 이룬 업적이다. 아모르 페르펙토는 14개국에 커피를 수출하며 한국도 수출 대상국 명단에 들어있다. 주요 수출품은 로스트된 원두다.

이단아 성격을 지닌 그는 2022년에도 새로운 '반항'을 시도한다고 한다. 카나비디올(cannabidiol) 성분이 함유된 커피를 생산하겠다는 것이다. 카나비디올은 대마초의 일종인 헴프(hemp)에서 생산되는 통증제거 물질로 보통 CBD로 알려져 있다. 그는 콜롬비아 이반 두케 대통령 정부가 콜롬비아 식약청(Invima)에 관련법 제정을 지시했음에도 불구하고 계속 미루어지고 있다고 볼멘소리를 한다.

그는 2022년도에 매출액을 30% 성장시키겠다는 야심적인 계획을 갖고 있다. 그는 아모르 페르펙트의 사업이 기존 커피산업에서의 해방 (descolonización)이라고 강조한다. 그에게 해방이라는 의미는 커피생산

보고타 시내 아모르 페르펙토 카페

자와 커피를 생산하는 국가에서 부가가치를 더하여 수출함으로써, 그
들에게 더 많은 소득을 가져다주도록 한다는 의미로 해석된다. 여기에
는 다국적기업에 의한 독점적인 국제커피거래와 낮은 커피가격에 대한
저항의식이 들어있다. 아울러 콜롬비아 국내커피산업이 기득권자들에
의해 지배되고 있다는 인식도 있다. 루이스 페르난도 벨레스에게서 또
어떠한 이단적 아이디어가 나올지 기대된다.

컬러풀한 콜롬비아 커피문화

01

에헤 카페테로

칠레에서 태평양연안을 따라서 북쪽으로 뻗은 안데스산맥은 콜롬비아에 이르러 서부, 중부 및 동부산지 3개로 갈라진다. 이 3개의 지류산맥은 대서양쪽으로 향하여 낮아지다가 평지로 사라진다. 중부지역 중앙산맥의 양쪽 사면에서 주로 커피가 재배되며 이 지역이 에헤 카페테로(Eje Cafetero)이다. 우리말로는 '커피생산 중심축(軸)'이다.

에헤 카페테로는 칼다스, 킨디오 및 리사랄다 3개주를 아우르는 아름다운 산지로 둘러싸인 지역이다. 이 지역은 생명다양성이 풍부하다. 서부산맥과 중앙산맥 사이를 흐르는 카우카(Cauca) 강과 그 지류들이 만들어내는 온화한 기후부터 네바도 델 루이스(Nevado del Ruiz) 고산지의 춥고 황량한 기후까지 다양한 기후대를 갖고 있다. 또한 이 지역은 장년기의 산맥이라 깊은 계곡과 높은 산지로 엮어진 지형이 골바람을 일으키고 계곡물과 어우러져 다양한 소기후들(microclimas)을 만들어 낸다. 그 기후대와 강과 호수가 바라다 보이는 진한 초록색의 안데스 산지는 다양한 맛과 향을 지닌 커피열매를 영글게 한다.

에헤 카페테로는 아름다운 자연경관과 커피문화를 보유하고 있어

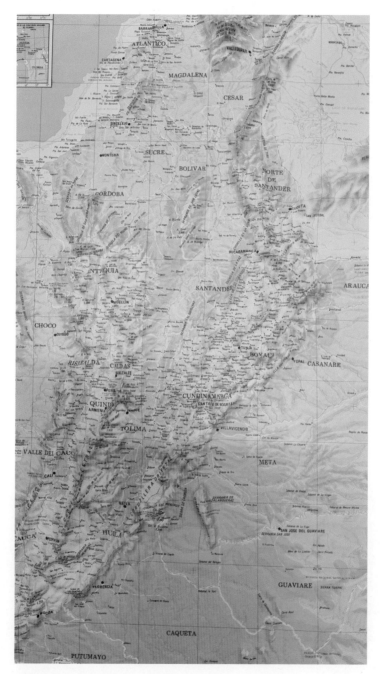

콜롬비아에서 3개 지류로 나뉜 안데스 산맥

2011년에 유네스코가 이를 세계문화유산으로 지정했다. 유네스코가 커피경관을 세계문화유산을 지정한 곳이 하나 더 있다. 쿠바 남동부의 커피재배지가 바로 그곳이다. 2000년에 세계문화유산으로 지정되었다. 그 지역은 시에라 마에스트라(Sierra Maestra) 산악계곡에 걸쳐있으며 170여개의 커피농장이 19세기 전통식 커피경작과 건조방법을 유지하고 있다. 시에라 마에스트라 산지는 카스트로가 1953년 몬카다 병영을 공격했을 때 숨었던 은거지로 더 널리 알려졌다. 카스트로를 숭배하는 쿠바 국민들의 가슴에는 시에라 마에스트라가 아름다운 커피경작지보다는 쿠바 혁명의 전적지로 각인되었을 것이다.

19세기 초기에 안티오키아 지역에서 주민들이 에헤 카페테로 지역으로 이주해오면서 살라미나(Salamina), 아구아다스(Aguadas) 같은 도시들이 형성되기 시작했다. 이곳에서의 커피경작은 예나 지금이나 지역경제를 지탱하는 든든한 기둥이다. 커피 이외에도 목축과 유제품 생산, 구아두아(guadua), 소나무 등 목재생산도 이루어지고 있다. 구아두아는 대나무 종류이지만 한국에서 보는 대나무 보다는 훨씬 크고 대궁도 굵어서 고급 건축자재로 사용된다. 이러한 자연환경에 열대과일, 그림 같은 마을, 주민들의 친절함이 더해져서 에헤 카페테로가 매력적인 에코투어리즘 장소로 부각되고 있다.

킨디오 주의 수도인 아르메니아(Armenia) 시는 에코투어리즘의 중심지다. 이 지역에 100여 개의 커피농장이 있으며, 주변의 칼라르카(Calarca), 파나카(Panaca) 및 국립커피공원이 주요 관광지다. 칼라르카는 아르메니아에서 3킬로미터 정도 떨어진 곳으로 농촌스타일의 숙소를 체험할 수 있다. 계곡과 숲으로 둘러싸여 있어 말타기, 산악자전거, 카약 등도 즐길 수 있다. 파나카에는 커다란 농장에 농업 테마공원이

에헤 카페테로 커피농장의 아름다운 모습

조성되어 있다.

국립커피공원은 방대한 지역이라 충분한 시간을 가지고 돌아보아야 한다. 특히, 커피박물관은 커피산업을 일거에 조망할 수 있도록 구성되어 있어 커피애호가들에게는 필수장소다. 필자도 출장중에 커피박물관을 잠깐 둘러 본적이 있다. 칼다스 주는 네바도스 국립공원이 있는 지역으로 물이 풍부하다. 중부산지의 5,000미터가 넘는 5개의 눈 덮인 산봉우리로부터 강과 계곡이 시작되며 이 지역을 흐르는 청정한 물은 칼다스뿐만 아니라 킨디오, 리사랄다 및 톨리마 지역에 공급된다. 이 지역에는 사화산 분화구와 더불어 온천이 발달해 있다. 칼다스 주도인 마니살레스에서 네바도스 국립공원까지 자동차로 1시간 40분 정도 걸린다.

마니살레스를 생각하면 '오토뇨 온천 호텔(Hotel Termales El Otoño)'이 떠오른다. 공공외교 지방출장을 위해 마니살레스에 들렀을 때 숙소를 그곳으로 잡았다. 이 호텔은 마니살레스에서 구도로를 따라 네바도스 국립공원으로 5킬로미터 정도 가면 나온다. 중앙산맥의 사면에 있다. 가는 길도 좁고 저녁 어스름에 산속으로 계속 올라가는지라 호텔을 잘못 잡았나 하는 생각이 들었다. 다음날 아침에 보니 호텔이 완전히

마니살레스 시 근교 엘 오토뇨 온천호텔

초록색과 산속에 파묻혀 있었다.

체크인을 하는 중에 로비에서 우연히 호텔주인을 만났다. 대화를 나누다보니 서로가 누구인지 알게 되었다. 고맙게도 필자에게 방을 업 그레이드해주었다. 안내인을 따라가 보니 호텔 메인 건물과 떨어진 별 채의 프레지덴셜 스위트였다. 방명록을 살펴보니 콜롬비아의 유명한 정객들은 모두 그 방을 사용했다. 계곡 방향으로 펼쳐진 정원이 촘촘하 게 심은 나무 울타리로 가려져 있었고 울타리 귀퉁이에 은밀하게 야외 온천풀이 숨어 있었다. 밤하늘의 별을 바라보며 온천욕을 했다. 기대하 지 않았던 호사였다.

칼다스 주의 주도 마니살레스는 '마니살레스 축제(Feria de Manizales)' 로 널리 알려졌다. 자동차로 에헤 카페테로 지역 어디를 달려도 눈이 피곤치 않다.

굴곡진 산야와 푸르름과 새소리가 어우러져 여행자들을 반긴다. 가끔 커피가루의 구수한 냄새가 스며든다. 베네치아 농장(Hacienda de

마니살레스 축제 포스터

Venecia)은 자연경관으로 둘러싸인 전형적인 커피농가다. 이곳은 4세대 이상 내려온 콜롬비아 커피문화의 성지로 세계에서 가장 맛있는 커피를 맛볼 수 있다. 그곳에서 마시는 커피에는 고유의 커피 맛뿐만 아니라 커피경관이 주는 아름다움의 맛도 가미되어 있다. 베네치아 농장은 콜롬비아의 대표적인 텔레노벨라 '여인의 향기를 머금은 커피(Café con Aroma de Mujer)' 촬영장소로 더 유명하다.

스페인어에 푸에블레아르(pueblear)라는 동사가 있다. 사람들(pueblo)이라는 명사를 억지로 동사로 만든 것 같다. 마을과 마을을 돌아다니며 구경한다는 뜻이다. 마니살레스 시 주위로 가까운 거리에 아름다운 마을들이 흩어져 있다. 라 쿠치야 델 살라도(La Cuchilla del Salado)는 15분 거리다. 이 마을은 커피경관이 보여주는 압도적인 아름다움의 표본이다. 녹색의 산야와 작은 샛길들이 전통적인 식당들 그리고 200년 이상의 역사를 머금은 식민시대의 집들과 잘 어우러져 있다. 주민들의 친절은 박사급의 서비스다.

엘 레신토 델 펜사미엔토(El Recinto del Pensamiento) 공원도 들러 볼만하다. '생각의 집'이라는 뜻이다. 안내원이 수십가지 약초와, 나비 종류, 난초 등을 설명해준다. 마니살레스 지역은 조류 관찰에 적지다. '티나무 보존지역(Reserva Natural de Tinamu)'은 그 중 하나로 그곳에만 260종의 조류가 서식한다. 콜롬비아는 세계 2위의 생물다양성국가로 세계에서 가장 많은 조류를 보유하고 있다.

에헤 카페테로의 아름다운 경관 중에 백미는 바로 네바도스 국립 공원(Parque Nacional de los Nevados)이다. 네바도 델 루이스(Nevado del Ruiz) 화산이 내뿜은 화산재로 만들어졌다. 이 화산은 '불의 고리'에 위치한 활화산으로 1985년 9월 대폭발이 발생하여 25,000명의 인명을 앗아가기도 했다. 산타 이사벨, 톨리마, 루이스 3개 빙하가 있다. 화산과 가장 가까운 얼음의 천국이다. 4,400미터의 툼바스 계곡까지는 차로 갈 수 있으며 그곳에서부터 도보산행이 시작된다.

에헤 카페테로에 관해서 얘기하면서 지프차 윌리스(Jeep Wyllis)를 빼놓을 수 없다. 관광객이 에헤 카페테로를 방문하면 길거리에서 윌리스를 보게 되고 안내하는 사람으로부터 자동적으로 설명이 나온다. 에헤 카페테로 지역에서 윌리스는 팔방미인격으로 유용하게 쓰인다. 노새 대신에 커피자루를 실어 나른다. 아침에는 스쿨버스가 되고 저녁에는 택시가 된다. 보통 경우 윌리스는 승객 숫자나 짐의 개수와 상관없이 주행거리에 따라 요금을 받는다. 커피자루뿐만 아니라 바나나, 카카오 등 농산물을 실어 나른다. 윌리스는 전륜구동 또는 4륜구동이라 에헤 카페테로와 같은 굴곡진 지형과 비포장도로에 적합하다.

윌리스는 제2차 세계대전 당시 군용으로 사용된 지프차량으로 지금은 단종된 미국자동차 상표다. 1900년대 초 이 차량을 생산하는 미국 자동차회사(Wyllis−Overland Motors)를 설립한 사람의 이름을 이 차종에 붙였다. 윌리스는 에헤 카페테로의 아이콘으로 자리 잡았다. 단종된 지 수십 년 된 차량을 계속 수리해서 사용하기도 하고, 다른 지프차 차종을 사용하기도 한다.

에헤 카페테로에서 열리는 각종 지방축제에도 윌리스는 단골메뉴로 등장한다. 커피노동자 여럿이 윌리스를 밀어서 달리는 경주도 있고, 짐을 얼마나 많이 적재하느냐를 두고 우승을 다투는 대회도 있다. 이 지역에서는 이파오(Yipao) 행사가 늘 열린다. 이파오는 지프차 윌리스를 부르는 말이다. 지파오(Jeepao)에서 변형되었다고 한다. 이파오 즉, 윌리스 지프차의 퍼레이드가 큰 볼거리다.

이파오 퍼레이드는 여러 종류가 있다. 커피, 플라타노, 바나나, 유카, 장작 등 농산물을 이파오에 잔뜩 실어 나르기가 있으며, 코로토스(corotos)라고 불리는 이삿짐 나르기와 자유로운 짐 나르기도 있다. 가장 어렵고도 위험한 경주는 이파오에 뒷부분에 많은 짐을 실어서 자동차의 앞부분이 들리도록 한 뒤에 뒷바퀴 2개로만 운전하는 것이다. 이를 피케(pique) 대회라고 한다. 스페인어로 피케는 가파른 수직의 모양을 일컫는 말이다. 콜롬비아 의회에서 윌리스를 에헤 카페테로의 문화유산으로 지정하자는 법안이 발의되기도 했다. 스페인 명문 축구팀 FC 바르셀로나 수비선수 이름도 피케다. 지금은 이혼했지만 피케의 부인이 바로 콜롬비아 출신의 세계적 가수인 샤키라(Shakira)다.

02
커피여왕 선발대회

골프나 테니스에서처럼 세계 미인선발대회에도 그랜드 슬램이 있다고 한다. 그랜드 슬램을 하려면 미스유니버스와 미스월드에 이어 세 번째 대회인 국제커피여왕선발대회(Reinado Internacional del Café)에 뽑혀야 한다. 콜롬비아 사람들의 주장이지만 아무런 근거가 없는 것은 아니다.

국제커피여왕선발대회는 마니살레스 축제 프로그램의 하나다. 마니살레스 축제는 라틴아메리카에서 행해지는 가장 큰 축제라고 한다. 이 미인선발대회는 콜롬비아 텔레카페(Telecafé) 채널뿐만 아니라 위성으로 세계 전역에 중계된다.

커피여왕선발대회는 축제 프로그램의 일환이라 다른 미인대회와는 심사방식이 약간 다르다. 수영복 심사, 인터뷰, 전통의상 심사 이외에 미인대회 후보들은 차폴레라(chapolera) 행진, 장식수레 행진 그리고 미스경찰 선발 심사에 참가한다. 차폴레라는 커피열매를 딸 때 여성이 입는 전통적인 복장이다. 작은 꽃무늬가 새겨진 앞치마와 높은 목 칼라의 긴 팔 흰색 블라우스로 구성된다. 선발된 커피여왕은 세계에서 가장

에헤 카페테로 지방의 차폴레라 전통 복장

아름다운 커피경작자 타이틀을 갖고 1년 동안 활동한다.

필자는 미스월드 콜롬비아 결선대회에 10명의 심사위원진의 일원으로 참가한 영광스러운 경험이 있다. 스페인어로는 미스월드를 미스 문도(Miss Mundo)라고 한다. 2013년 인도네시아 미스월드에 참가하는 콜롬비아 대표미인을 선발하는 대회였다. 놀랄 만한 경험이기에 그날 기억이 생생하다.

심사위원으로 선발된 이유는 2개다. 미스월드가 아시아에서 열리기 때문에 아름다움을 바라보는 아시아적인 시각이 필요하다는 것이다. 다른 하나는 미스월드 콜롬비아 사무총장이 필자의 지인이기 때문이었다. 보고타시 테아트로 파트리아(Teatro Patria) 극장에서 행사가 열렸다. 턱시도와 드레스를 입은 멋쟁이들을 포함해서 많은 방청자들이 움집했다. 화려한 조명아래서 처음 보는 심사위원들과 인사를 하고 지정된 자리에 앉았다. 혹시 엉뚱한 실수나 하지 않을까 긴장이 되었다.

네 가지 문제가 발생했다. 다른 심사위원들은 예선에도 참가하여 후보자들의 인적사항을 소상히 파악하고 있었던 반면, 필자는 결선대회에서 처음으로 후보자들을 보았고 그들에 대한 아무런 사전정보가 없었다. 또 하나는 관객들의 박수와 웅성대는 소리 그리고 음악이 겹쳐져서 사회자의 말이 잘 들리지 않았다. 세 번째는 후보자들의 무대 행진순서가 바뀐 것이다. 따라서 매 후보자가 무대에 나타날 때마다 옆좌석의 심사위원에게 후보자 이름을 확인해야만 했다. 가장 큰 문제는 후보자들이 모두 예외 없이 우아하고 아름다운지라 차별화하기가 어려웠다.

결과가 놀라웠다. 1등, 2등, 3등이 모두 태평양연안 주(州) 출신이었기 때문이다. 1등은 바예 데 카우카 주 출신인 다니엘라 오코로 메히

필자가 심사위원으로 참석했던 콜롬비아 미스문도(Miss Mundo) 대회 수상자들

아에게 돌아갔다. 결과가 발표되자 심사위원들의 눈길이 필자에게 일제히 쏠렸다. 필자가 유일한 아시아인 심사위원이라 태평양 연안 후보자들에게 높은 점수를 주었을 것이라는 확증에 찬 눈길이었다. 사실이 아님은 물론이다.

2022년 1월 개최된 제65회 마니살레스 축제에서 베네수엘라의 이스멜리 벨라스케스(Ismelys Velázquez)가 커피여왕으로 선발되었다. 국제커피여왕선발대회로는 그 대회가 50번째다. 부여왕(副女王, Vireina)으로는 브라질 대표가, 제1공주(Primera Princesa)로는 콜롬비아 마리아나 로아이사 시푸엔테스가, 제2공주와 제3공주로는 엘살바도르와 미국 대표가 각각 선발되었다. 베네수엘라의 이스멜리 벨라스케스는 2020년 미스메소아메리카 인터내셔널에서 우승한 적이 있다.

콜롬비아의 마리아나 로아이사 시푸엔테스는 2021년 11월 킨디오 주에서 개최된 콜롬비아커피여왕선발대회에서 우승하여 이번 대회에 콜롬비아 대표로 나왔다. 예선대회 당시 바예 데 카우카, 킨디오, 안티오키아, 아틀란티코 그리고 리사랄다 주 대표 5명이 결선에 진출했으며 이들에 대한 사회자의 인터뷰 질문이 이채로웠다.

'새로운 세대들이 커피농장으로 돌아가 커피경작자가 되도록 하려면 어떠한 전략이 좋겠습니까?'였다. 시푸엔테스의 답변이 명쾌했다. '모든 중고등학교와 대학교에서 학생들이 커피와 커피농장에 관해 보다 많은 대화를 나누도록 해야 합니다. 왜냐하면 우리가 커피와 커피농장을 방기해 버렸기 때문입니다. 우리는 커피를 공부하고 커피에 대해 더 많이 알며 커피를 사랑해야합니다. 국가의 발전과 더불어 우리가 더 성장하고 변화되기 위해서는 그것들을 버리지 않아야 합니다.' 콜롬비아 커피농업이 직면한 현실을 나타내는 질문과 답변이다.

국제커피여왕선발대회는 1957년 처음으로 개최되었다. 당시에는 중남미 지역대회였던지라 15개 중남미국가들이 참가했으며, 대회이름도 대륙커피여왕선발대회(Reinado Continental de Café)였다. 1972년 대회부터 세계의 모든 커피생산국으로 문호가 개방되었다. 1979년에는 미국이, 1987년에는 스페인이 역외국 대표로 참가했다. 이 대회의 지명도가 높아짐에 따라 일부 국가는 미스유니버스 대표로 선발된 자국 대표를 커피여왕선발대회에 참가시키기도 했다.

2013년에는 아시아에서 처음으로 대만이 커피여왕선발대회에 후보를 보냈다. 2022년까지 총 50회가 개최되었으며, 2021년에는 코로나 확산으로 인해 개최되지 못했다. 50번의 대회에서 브라질이 8회, 콜롬비아가 6회, 베네수엘라가 5회 그리고 코스타리카가 4회 커피여왕을 배출했다. 스페인과 독일도 각각 2회씩 우승했으며, 2015년에는 일본의 유리 우치다(Yuri Uchida)가 커피여왕으로 선발되었다.

중남미에서는 미인대회가 특별히 주목을 끈다. 콜롬비아 TV방송을 잠깐만 보더라도 드라마에 나오는 여배우들은 예외없이 미인이다. 여성 아나운서들도 미스콜롬비아에 버금간다. 노출에 대해서도 관대하다. 중남미에 마초이즘(machoismo) 문화가 편만해 있다. 가난한 사람들도 미인이 등장하는 드라마와 미인대회를 통해 대리만족을 느낀다. 그러기에 중남미에서는 국제커피여왕선발대회가 커피 홍보에 파워풀한 수단이다.

03
콜롬비아 컵 오브 엑셀런스

    2021년도 '콜롬비아 컵 오브 엑셀런스(Taza de Excelencia Colombia 2021)' 선발대회에 11개 주에서 157개 농장이 참가하였다. 그 대회에서 오브라헤 농장의 게이샤 품종의 커피가 90.61점을 얻어 대회 최고 영예인 '프레지덴셜 커피(café presidencial)'로 선발되었다. 태국의 아로마 그룹(Aroma Group)이 그 커피를 파운드당 135.10달러에 구입했다.

    콜롬비아 커피역사상 최고가다. 당시 뉴욕 커피거래소 가격이 2.2달러였으니 일반 커피보다 60배가 넘는다. 2등은 우일라 주 '라 시리아(La Siria)' 농장, 3위는 카우카 주 '엘 사피로(El Zafiro)' 농장에게 돌아갔다. 결선에 23개 농장이 진출했으며, 여기에 우일라 주에서 15개, 안티오키아 주 3개 그리고 나리뇨, 카우카, 킨디오, 쿤디나마르카 그리고 톨리마 주에서 각각 1개 농장이 포함되었다.

    콜롬비아 컵 오브 엑셀런스는 매년 개최된다. 여기선 선발된 커피는 스페셜티커피협회 전용 경매사이트를 통해 판매된다. 10위 이내에 선발된 커피들은 컵 오브 엑셀런스 마크(CEO)를 부착할 수 있는 영예도 얻는다. 비영리 국제기관인 우수커피연맹(Alliance for Coffee Excellence)

매년 커피생산국에서 각각 개최되는 '컵 오브 엑셀런스' 대회 로고

이 대회를 주관하며 이 대회는 12개 커피생산국에서 각각 개최된다. 이 대회는 국제커피기구(ICO)가 국제무역센터와 함께 추진했던 '구르메 커피 가능성 개발 프로젝트(Gourmet Coffee Project)'가 변화되고 발전된 행사다.

국제커피기구는 개발도상국에 생산기술과 지식을 전수하여 고품질 커피를 재배하도록 하고 생산된 커피를 높은 가격으로 판매함으로써, 농업을 진흥시키자는 취지에서 이 프로젝트가 진행했다. 컵 오브 엑셀런스는 1999년 브라질에서 최초로 열렸으며, 당시 브라질 6개 지역에서 315개의 커피가 출품되었다. 컵 오브 엑셀런스는 지속가능한 커피 생산을 보장하고 커피의 질적인 향상을 도모하며 커피수입업자들에게 마케팅방안을 제시한다. 이 대회는 15년 이상의 역사를 갖고 있어 대회에서 선발된 커피들은 검증된 커피라는 인식이 있다.

2021년 콜롬비아 컵 오브 엑셀런스에는 7명의 콜롬비아 카타도르와 22명의 국제 카타도르가 심판단으로 참석했다. 국내 심판단은 예선전을, 결선은 국제심판단이 주관하며, 출품된 커피들을 5회에 걸쳐 평가한다. 2021년 대회에서 세계 어느 곳에서도 등록되지 않은 새로운 커피품종이 발견되었다. 우일라 주 '라 구아카(La Guaca)' 농장이 출품한 커피로 89.32점을 얻어 6위를 차지하였다. 유전자 분석을 한 결과

에티오피아에서 비롯된 종류로 밝혀졌다. 이 품종이 어떻게 콜롬비아로 들어왔는지 아무도 모르며, 매운 맛으로 인하여 그 품종을 '고추(aji)'로 명명했다.

컵 오브 엑셀런스 대회에서는 우일라 주 커피의 수상경력이 화려하다. 콜롬비아에서는 최초로 개최된 2005년 대회에서 우일라 주 커피 농장들이 1등, 2등, 4등을 차지했다. 아울러 2006년 대회에서는 1등에서 5등까지, 2007년 대회에서는 1등 및 2등, 2011년 1등, 2013년 대회에서는 1등, 2등 및 4등을 차지했다. 특히, 우일라 주의 피탈리토(Pitalito), 아세베도(Acevedo), 알헤시라스(Algeciras), 수아사(Suaza) 등 지역 커피가 우수한 평가를 받았다.

컵 오브 엑셀런스 이외에 콜롬비아에서는 여러 종류의 커피평가대회가 열린다. 이탈리아 트리에스테에 근거지를 둔 명품 에스프레소 기업인 '일리카페(Illycafe)'는 콜롬비아 커피생산자협회와 함께 '에스프레소 커피 경진대회(Premio Colombiano de Calidad de Café para la Preparación de Espresso)'를 매년 개최한다. 이 행사는 세계적으로 알려진 커피경진대회로, 에스프레소 커피에 가장 적합하고 최고의 향과 맛 그리고 바디를 지닌 커피를 생산하는 농장을 선정한다. 이 경진대회는 1991년에 브라질에서 처음 시작하였으며, 지금은 브라질 이외에 인도, 과테말라, 콜롬비아 등에서 열린다.

콜롬비아에서는 2002년부터 개최되었다. 콜롬비아 커피생산자협회는 우선 일리카페가 요구하는 특징을 지닌 70개 농장을 선정한다. 이어 각 농장은 커피샘플을 이탈리아 트리에스테로 보내며, 일리카페 소속 카타도르들이 10개 농장을 결선진출자로 선정하고 최종적으로 우승자를 가린다. 일리카페는 우승자에게 3만 달러까지 상금을 주며, 일리카페에 소속된 전문가들을 선발된 커피농장에 보내 커피생산 및 가공법에 관해 도움을 준다.

'야라 챔피언십(Concurso Nacional de Calidad de Taza Yara Championship Program)'도 있다. 2개의 카테고리, 즉 워시드 커피(Cafes Lavados) 카테고리와 내추럴 및 허니 커피(Cafes Naturales y Honey) 카테고리로 나누어 평가한다. 야라 커피경작 프로그램에 참여하고 200킬로그램 이상의 커피를 생산하는 농장에만 참가자격이 주어진다. 이는 환경친화적인 방법으로 양질의 커피를 생산하는 프로그램으로 현재, 톨리마, 카우카, 우일라 그리고 나리뇨 주에서 진행되고 있다. 1~3등으로 선발된 커피경작자는 그 다음해에 '야라 커피대사(Embajador de Marca de Yara)'로 활동하게 된다.

제5회 야라 챔피언십은 2021년 2월 15일부터 4월 2일까지 열렸으며, 1등은 파운드당 시장가격에 4달러를 더하고, 2등 커피는 3.5달러를 그리고 3등은 3달러를 더한 가격에 팔린다. 야라는 농업용 광물질비료를 생산하는 노르웨이 다국적기업으로 카르타헤나에 '야라 콜롬비아'를 설립했다. 야라 챔피언십에서는 여성 커피경작자, 지역커피경작자단체 그리고 젊은 커피경작자에게 주는 상이 각각 있다.

그 이외에 콜롬비아에서는 '카우카 베스트 컵(Cauca Mejor Taza)', '안티오키아 베스트 컵', '우일라 베스트 컵' 등 지역별로 생두를 평가하는 대회도 열린다. 제1회 우일라 베스트 컵에서는 아세베도 지방의 커피가 90점 이상의 평가를 받아 1등을 했다. 이 커피는 파운드당 31.5달러에 팔렸다. 한국, 캐나다, 미국 및 일본에서 카타도르가 이 대회 심사위원으로 참석했고 675개의 커피샘플에 대한 평가가 이루어졌다.

04
여인의 향기를 머금은 커피

2022년에 '여인의 향기를 머금은 커피(Café con Aroma de Mujer)' 가 지금 넷플릭스에서 절찬리에 상영되었다. 콜롬비아 국민들이 가장 많이 시청한 텔레노벨라다. 한국의 '오징어 게임'이 접속순위에서 1위를 차지면서 국내를 떠들썩하게 했듯이, 콜롬비아에서는 이 드라마가 넷플릭스 드라마 10위 이내의 랭크되면서 콜롬비아 국민들에게 이야깃 거리를 만들어 주었다.

1994년 같은 제목의 드라마를 리메이크했다. 작품의 첫 회분이 2021년 5월 콜롬비아 RCN TV와 텔레문도(Telemundo)에 상영되었다. 리메이크임에도 불구하고 콜롬비아 사람들의 이에 대한 사랑은 식지 않았다. 특히, 이 드라마는 50대 이상의 콜롬비아 사람들에게 잔잔한 미소를 자아내게 하고 추억에 젖게 하는 마력을 지녔다. 많은 콜롬비아 사람들이 어린 시절을 커피농사와 관련된 환경에서 보냈기 때문이다.

아름다운 커피경관을 배경으로 만들어진 이 텔레노벨라의 달달한 사랑이야기에 누구든 쉽게 빠져든다. 이 드라마는 1995년에 최고 드라마(Mejor Telenovela) 상을 받았다. 필자도 넷플릭스에서 이 드라마 몇

회 분을 보았다. 외국인이고 스페인어로 방영되는지라 드라마의 대화 내용을 세부적으로는 캐치하지는 못하지만, 전체 줄거리를 파악하는 데는 문제가 없다.

배경으로 자주 등장하는 짙은 초록색의 커피밭과 나무마다 다닥다닥 달라붙은 초록색과 붉은색의 커피열매가 경이롭다. 한국에서 본 앵두나무 열매보다는 조금 더 크고 단단하며 열매도 더 많이 달렸다. 필자는 두 번에 걸쳐 콜롬비아에 6년이나 근무하면서 커피농장을 여러 차례 방문했다. 갈 때마다 커피 경작이나 수확 및 가공과정에 대해 듣고 커피농장주들과 대화를 나누었지만 장님이 코끼리 만지는 격이었다.

그런데 '여인의 향기를 머금은 커피' 드라마를 통해 콜롬비아의 커피산업과 커피농장의 삶을 실감있게 느낄 수 있었다. 농장에서 지주계급과 노동자들의 역학관계나 커피농장에서 살아가는 일꾼들의 애환을 보았다. 넷플릭스에서 상영된 마피아 드라마 '나르코스'를 보면서 콜롬비아의 근대역사와 정치권력 구조 그리고 빈부격차, 사회갈등, 코카인의 폐해 등 사회모습을 복합적으로 이해한 것과 같다. 늘 그렇듯이 읽어서 아는 것은 쉽게 잊혀지는 반면, 눈으로 보고 입력된 영상이나 지식은 오래간다.

이 텔레노벨라는 커피농장에서 커피열매를 따면서 생계를 이어가는 청순한 여인 가비오타(Gaviota)와 커피농장 부호(富豪) 옥타비오 바예호의 아들 세바스티안(Sebastián)과의 사랑이야기다. 가비오타 역을 맡은 라우라 론도뇨(Laura Londoño)가 눈에 띈다. 메데진 출신의 저명한 여배우다. 쿠바 출신의 미국 배우 윌리암 레비(William Levy)가 세바스티안 배역을 맡았다. 그의 멋진 얼굴 윤곽이 인상적이었으나 요즈음 그의 여자편력이 언론에 소개되는 터에 좋은 모습이 흐려졌다. 라우라 론도뇨는 콜롬비아의 전형적인 미인의 기준에서는 좀 빠지는 듯 하지만 매력적이다. 콜롬비아에는 온화하고 깊은 사슴 눈을 가진 자연 미인이 너무 많다. '귀여운 여인'으로 일약 스타덤에 오른 미국 여배우 줄리아 로버츠의 모습을 어딘가 닮았다.

가비오타는 스페인어로 갈매기라는 뜻이다. 땀을 흘리며 커피열매를 따면서도 웃음을 잃지 않고 즐겁게 노래하는 가비오타의 모습이 희망을 품고 높이 비상하는 갈매기와 같다. 드라마의 중간 중간에 가비오타가 커피열매를 따면서 노래 '가비오타'를 부른다. 노래가사의 첫 부분은 '멀리서 보이며 높이 나르는 갈매기, 비행을 시작하는 갈매기는 멈추지 않으며, 슬픈 가비오타여 결코 멈추지 말고 노래하고 노래하라, 아마도 내일은 너의 행운이 바뀌리니 나쁜 사랑은 너의 운명…'이다. '나쁜 사랑'은 가비오타와 세바스티안의 사랑이 부딪치게 될 걸림돌을 암시한다.

드라마를 보다보면 커피와 관련된 스페인어 용어가 자주 등장한다. 커피경작자는 카피쿨토르(caficultor), 농업기사는 인헤니에로 아그로노모(ingeniero agrónomo), 커피수확 노동자는 코세체로(cosechero)라고 부른다. 과육제거, 발효, 세척 등 커피를 가공하는 사람을 파티에로(patiero), 그러한 작업장소를 베네피시오(beneficio) 또는 베네피시아데로(beneficiadero)라고 한다. 페르가미노 커피콩에서 껍질을 제거하는 사람을 트리야도르(trillador), 껍질을 제거하는 기계는 트리야도라(trilladora)다.

커피나무를 카페토(cafeto), 커피밭을 카페탈(cafetal)이라고 한다. 커피와 관련된 스페인어를 알아야 커피농장주나 카타도르 또는 커피관련 기관사람들과의 대화가 순조롭다. 중남미에서는 농과대학에서 농업

베네피시오(beneficio)로 불리는 커피의 발효, 세척 등이 이루어지는 작업장

경영이나 농업기술을 전공한 사람을 인헤니에로 아그로노모라고 부른다. 대형 농장주들은 이들 전문가를 고용하여 농사를 짓는 경우가 많고 급여도 적지 않아 많은 젊은이들이 이 분야를 선호한다.

　　드라마의 주 무대인 마니살레스 소재 커피농장 카사블랑카(Casablanca)의 2층 주택은 전형적인 콜로니얼 시대 건물이다. 농장주인 가족들의 생활방식과 그들 간의 대화를 통해 당시 커피생산지역의 삶을 엿볼 수 있다. 카사블랑카 농장의 규모는 250헥타르규모의 대형농장(hacienda, 스페인어로 아시엔다로 발음)이다. 현재 콜롬비아 커피경작자들의 커피농장규모는 90% 이상이 4헥타르 미만으로 요즈음에는 커피농장을 핑카(finca)라고 부른다. 커피가격이나 커피농사에 들어가는 비용을 감안할 때, 현재의 작은 농장 규모로는 4인 가족을 부양하기가 버겁다. 과거에는 아시엔다가 많았으나, 다수의 자식들에게 물려주게 되고 이러한 과정이 반복되면서 농장의 규모가 계속 작아졌다. 중남미의 모든 커피생산국들이 직면한 현실이다.

　　'여인의 향기를 머금은 커피'를 보면서 1985년 시드니 폴락 감독이 만든 '아웃 오브 아프리카(Out of Africa)'의 장면이 떠올랐다. 대륙은 다르지만, 그 영화에서도 커피농장 얘기가 나온다. 덴마크의 부자 여성인 카렌 브릭슨 역할을 했던 메릴 스트립이 아프리카 케냐에 와서 갖은 고생을 하면서 키쿠유족 노동자들과 함께 커피농장을 일군다. '여인의 향기를 머금은 커피'에서는 커피열매를 따는 일꾼들은 비교적 즐겁게 노동하는 모습으로 표현되었지만, 키쿠유족 노동자들은 허름하고 지쳐있다. 그러나 아프리카나 중남미에서의 커피 수확 노동자들의 실제적인 삶은 매우 유사하리라 생각한다. 라우라 론도뇨와 윌리암 레비의 달달한 연기도 인상적이지만 '아웃 오브 아프리카'에서의 메릴 스트립과 로버트 레드포드의 연기는 명불허전이다.

'여인의 향기를 머금은 커피'로 다시 돌아가자면, 카사블랑카 농장 가족들은 설탕이 아닌 파넬라를 커피에 섞는다. 콜롬비아에서는 아주 흔한 일이다. 파넬라는 사탕수수 즙을 졸여서 만든다. 설탕으로 정제하지 않은 단계의 상품으로 수퍼마켓에서 덩어리 또는 가루로 판매된다. 필자의 집사람도 파넬라 덩어리를 녹여서 설탕대용으로 사용했다.

드라마를 보면서 상속과 관련한 재미있는 점을 발견했다. 농장주인 옥타비오 바예호가 사망한 후 변호사가 유언장을 공개했다. 재산을 미망인에게 37.5%, 그리고 37.5%를 여러 명의 자녀들에게 나누어 준다. 여기까지는 문제가 없었다. 그런데 나머지 25%를 미망인을 통해 바예호라는 성(姓)을 가진 손자들에게 준다고 하자 사단이 발생한다. 딸들이 항의를 한다. 그 딸들의 자녀들이 사용하게 되는 성이 바예호가 아니기 때문이다. 남성우월주의인 마초이즘(machoismo)을 엿볼 수 있는 부분이다. 콜롬비아 사람들의 이름은 퍼스트네임에 이어 라스트네임에 아버지의 성과 어머니의 성을 순서대로 함께 사용한다. 그러나 아버지의 성만을 사용하는 사람이 많다.

05
쓴 커피를 마시는 콜롬비아 국민

콜롬비아는 세계 3위 커피생산국이기는 하지만 국내 커피수요가 매우 작다. 콜롬비아 커피생산자협회 통계로 2021년 콜롬비아의 국내 커피수요가 60킬로그램 들이 240만 포대였다. 2019년에는 220만 포대였으니 상승추세. 그런데 세계 3위 커피생산국인 콜롬비아가 커피를 수입한다. 2021년에 180만 포대나 수입했다. 수입커피는 대부분이 국내소비로 사용된다. 수입되는 커피가 국내소비의 75%를 커버한다. 2019년 수입량이 80만 포대였으니 2년 만에 125%나 수입이 확대되었다. 수입커피 중 브라질산이 60%가 좀 넘고, 페루산이 28% 그리고 에콰도르산이 6% 정도다. 말레이시아, 칠레 및 멕시코에서도 일부 수입한다.

세계 3위 커피생산국이 국내 소비량의 75%가량을 해외에서 수입한다니 재미있기도 하고 놀랍기도 하다. 부드럽고 향이 가득한 콜롬비아 아라비카 커피는 해외로 수출하고 낮은 등급의 외국산 커피를 수입해서 마신다고 생각하니, 콜롬비아 사람들이 가련하고 애처롭다. 카페인이 많이 함유된 쓴맛의 로부스타나 저렴한 아라비카 수입커피를 마시는 것이다.

브라질에서 수입하는 커피가 가격이 낮고 향미가 부족한 것은 사실이지만 그렇다고 브라질 커피가 모두 나쁜 것은 아니다. 브라질의 국토면적은 850만 평방킬로미터로 광대하다. 국토 면적의 60% 가량은 해발고도가 200미터가 넘지 않기 때문에 커피나무가 자라기에 좋은 환경이 아니다. 따라서 처음에 브라질로 유입된 커피나무는 그들이 자라기에 적절한 환경을 찾아서 이동하였으며 브라질 남동부 고원지대에 자리를 잡았다. 미나스제이라스와 상파울루 주에 걸친 대서양에 접한 지역으로 해발고도는 300~900미터 정도다. 방대한 지역에서 커피가 생산되기 때문에 대규모 기계식 재배가 이루어지고 있다. 건기와 우기가 뚜렷하게 구분되기 때문에 주로 자연건조방법이 사용된다. 브라질 커피는 대부분이 로부스타라고 알려졌으나, 사실 80%가 아라비카종이다. 재나 흙의 향미를 지니고 있고 부드러운지라 에스프레소 블렌딩의 재료로 많이 사용된다.

콜롬비아 국민들의 양질의 커피를 마시지 못하는 것은 소득수준이 낮기 때문이기도 하다. 콜롬비아 봉급생활자의 90%가량이 최저임금 수준의 봉급을 받는다. 2022년 최저임금은 월 100만 페소로 대충 우리 돈으로 30만원 정도다. 이들이 파운드당 25,000페소 정도 되는 프리미엄급의 콜롬비아산 커피를 마시는 것은 쉽지 않다. 수입커피는 콜롬비아 수퍼마켓에서 세요 로호(Sello Rojo), 아길라 로하(Aguila Roja) 등 상표로 팔린다. 대부분 붉은색 봉투에 포장되어 있어 금방 눈에 띈다. 일부는 커피엑기스나 커피오일 생산 원료로 사용된다. 필자가 메데진 시 콜카페 사(社) 공장을 방문했을 때 원료로 수입커피를 사용한다는 얘기를 들었다.

가장 많이 소비되는 '세요 로호' 및 '아길라 로하' 상표의 커피

　콜롬비아 일각에서는 콜롬비아의 커피 수출정책이 잘못되었다고 비판한다. 콜롬비아 국내커피시장을 발달시켜 커피수요를 진작시켜야 했었다는 것이다. 다른 의견도 있다. 대다수의 콜롬비아 국민들은 경제사정상 수출가격의 양질의 커피를 마실 수 없기 때문에, 양질의 커피는 수출하는 게 당연하다는 주장이다. 콜롬비아는 여러 자유무역협정을 체결했고 국내커피시장을 개방했다. 기업들은 수익이 창출되면 어떤 나라 커피든지 수입할 수 있고 또 수출할 수 있다. 소득이 증가하면 콜롬비아 국민들도 얼마든지 고급커피를 소비하게 될 것이다. 콜롬비아는 2021년도에 1,257만 포대를 생산하여 1,245만 포대를 수출했다. 생산량의 99%를 수출했다.

　대한민국 국민들도 그랬다. 개발시대에 우리 어머니 아버지들은 해안에서 잡히는 크고 질 좋은 생선들과 양식으로 생산한 최상품 미역이며 김 등 해조류는 모두 일본으로 수출했다. 그 돈으로 자녀들 교육시켰다. 국가적으로는 다리도 놓고 고속도로를 만들었다. 그런데 중남미에는 자국 국민들이 좋은 것들은 먼저 다 먹고 나머지를 수출하는 나라가 있다. 국내수요가 확대되어 물가가 오르면 일단 해당 상품 수출을 금한다. 자국 상품 수출에 수출세도 매긴다.

바로 아르헨티나다. 그런데 그렇다고 아르헨티나 국민들의 삶의 질이 나아지는 것 같지는 않다. 빈부격차는 여전하고 거리에 넝마주이들이 쓰레기통을 뒤지며 부랑아들이 거리를 배회한다. 그와 반대로 옆 나라인 칠레는 수출지향적이다. 좋은 품질의 자국산 상품은 당연히 수출하고, 아르헨티나에서 질 좋은 포도주를 벌크로 들여와서 이를 병에 넣고 포장하여 수출한다. 아르헨티나 사람들이 칠레 사람들을 비난하며 하는 얘기다. 어떤 정책이 바람직한 지 판단하는 것은 독자들의 몫이지만 우리나라와 칠레는 비슷한 길을 걸어 왔다.

2022년 초 로베르토 벨레스 커피생산자협회장은 콜롬비아 국민이 1인당 1년에 2.8킬로그램의 커피를 소비하며, 소비가 계속 증가되고 있다고 했다. 필자가 7~8년 전 첫 번째로 콜롬비아에 근무할 당시 1인당 커피수요가 2.4킬로그램이었으니 그때보다 400그램 정도 늘었다. 커피 한 잔에 10그램의 커피를 섞는다고 할 경우, 콜롬비아 국민들은 하루에 1잔의 커피도 마시지 않는다는 계산이 나온다. 네덜란드 사람들이 커피를 가장 많이 마신다. 2020년 추정 소비가 1인당 8.3킬로그램이다. 스칸디나비아 국가들도 1인당 6~8킬로그램을 소비한다. 날씨가 춥기 때문인 것 같다. 콜롬비아에서 커피소비는 증가추세다. 커피생산자협회도 커피소비 확대 캠페인을 벌이고 있다.

06
동네 슈퍼에 진열된 커피제품

콜롬비아 사람들은 하루에 한 잔의 커피도 마시지 않지만 커피소 비는 증가세다. 고급커피에 대한 수요도 늘어나고 다양한 상품이 출시되고 있다. 콜롬비아 동네슈퍼에 가보면 커피판매대에 20여 개의 볶은 원두 또는 가루커피 상품들이 진열되어 있다. 콜롬비아 국내 커피시장 점유율이 가장 큰 상표는 '세요 로호(Sello Rojo)'다. 필자가 2021년에 방문했던, 콜롬비아 최대 제과 및 식품 기업인 누트레사 그룹의 상품이다.

커피 비즈니스가 확대되자 누트레사 그룹은 커피생산 전문기업인 콜카페(Colcafé)를 설립했다. 콜카페는 인스턴트커피 생산을 시작했다. '콜카페' 상표의 병에 포장된 이 상품은 콜롬비아에서 가장 대표적인 인스턴트커피다. 콜카페의 국내커피시장 점유율은 15%다. 콜카페는 1968년 '라 바스티야(La Bastilla) 카페'를 인수하여 인스턴트커피 '바스티야(BastiYa)'를 생산했다. 지금도 과립 모양의 바스티야 인스턴트커피를 생산하고 있으며 그 포장지에는 바스티야와 콜카페 2개 이름을 쓴다. 현재 콜카페는 '세요 로호'와 '콜카페' 그리고 '마티스(Matiz)' 상표를 가진 커피캡슐도 생산한다. 콜카페는 메데진, 보고타, 이바게 그리고

보고타 시 카루야(Carulla) 슈퍼에 진열된 커피상품들

산타 마르타 시에 생산 공장을 갖고 있다.

15%의 국내커피시장 점유율을 가진 또 하나의 기업이 있다. 칼리 시 '아길라 로하(Aguila Roja)'다. 이탈리아 이민자 가족이 1930년대에 설립했으며, 현재 칼리 이외에 쿤디나마르카 주와 카우카 주에 생산 공장이 있다. 콜롬비아 5대 커피제품을 꼽으라면, '세요 로호', '콜카페', '아길라 로하' 이외에 '루카페(Lukafé)'와 '네스카페(Nescafé)'가 들어간다.

'카사 루커(Casa Luker)'는 마니살레스에 근거지를 둔 유명한 콜롬비아 초콜렛 제조업체다. '카사 루커'는 1991년에 마니살레스에 '루카페' 상표의 볶은 원두와 가루커피 생산 공장을 설립했다. 지금은 '루카페' 이외에 '뉴 콜로니(New Colony)', '아로마(Aroma)' 그리고 '트로피칼(Tropical)' 상표의 볶은 원두커피, 가루커피 그리고 인스턴트커피를 생산한다.

네스카페(Nescafé)는 스위스 기업인 네슬레의 자회사로 1943년부터 콜롬비아에서 활발하게 커피사업을 해오고 있다. 특히 인스턴트커피의 최강자로 바예 데 카우카 주 부갈라그란데(Bugalagrande)에 공장이 있다. 네슬레로서는 콜롬비아가 브라질에 이어 두 번째로 큰 사업장이다. 콜롬비아에서 생산된 제품은 60%가 콜롬비아 내에서 소비되고 나머지는 에콰도르, 페루, 프랑스, 일본, 캐나다로 수출된다. 네스카페는 '네스카페' 이외에도 '산투아리오(Santuario)', '안티오키아(Antioquia)' 그리고 '산 아구스틴(San Agustín)' 상표의 수공예적인(artesanal) 인스턴트커피도 생산한다.

스페셜티 커피, 유기농 커피, 원산지 커피 등 고급커피에 대한 수요가 확대되자 콜롬비아에도 '후안 발데스', '카페 킨디오(Café Quindío)', '아모르 페르펙토(Amor Perfecto)', '오마(Oma)' 등 새로운 제품들이 출시되었다. 후안 발데스는 콜롬비아 국내외에서 고급커피로 팔리고 있으며, 특히, 공항, 호텔 등 관광객들의 접근이 용이한 장소에 매장을 두고 있다. 오랜 역사와 정치적 영향력을 지닌 콜롬비아 커피생산자협회가 후안 발데스의 주인이다. 후안 발데스 상표가 널리 알려져 사업규모가 계속 확대되고 있다. 보고타 엘도라도 국제공항의 후안 발데스 매장은 항상 관광객들로 붐빈다. 오마는 독일어로 할아버지의 애칭으로 1970년에 처음으로 상점을 오픈했으며 전국적으로 수십 개의 카페와 커피매장을 운영하고 있으며 프리미엄 커피로 자리를 잡아가고 있다.

PART
4

콜롬비아 커피산업에 부는 새바람

01
콜롬비아 커피산업에 부는 새바람

    필자는 2011년부터 2014년까지 콜롬비아에 근무한 후 2020년에 두 번째로 다시 부임했다. 같은 나라에서 두 번이나 공관장을 역임한 것이다. 이는 우리나라 외교사에 매우 드문 사례다. 그런데 같은 나라에 두 번이나 대사로 임명한 이유를 물어보지는 않았다. 6년여 만에 콜롬비아로 돌아오니 그 사이에 콜롬비아에서 달라진 게 무엇이냐는 질문을 많이 받았다. 대사관저 정원에 심었던 많은 묘목들이 필자의 키를 넘게 자라서 무성해지고 짙은 녹색이 풍부해졌다는 점, 코로나 바이러스가 창궐하여 우리의 삶의 방법과 일하는 방식이 바뀐 점, 지난 산토스(Santos) 정부가 두케(Duque) 정부로 교체된 점, 협상중이었던 콜롬비아 정부와 콜롬비아무장혁명군(FARC) 간 평화협정이 체결되고 발효된 점, 2013년 서명되었던 한-콜롬비아 FTA가 아주 어렵게 콜롬비아 국내절차를 거쳐 2016년에 발효된 점 등을 설명했다. 그런데 2021년에 지방을 몇 번 출장하면서 새로운 변화를 더 감지했다.

    필자 내외는 Covid-19가 극성을 부리던 2020년 6월 미국이 운영하는 인도주의항공편을 통해 콜롬비아에 입국했다. 1년여 기간 동안

이런 저런 이유로 한 달이 넘는 자가격리와 대사관과 관저를 오가는 심플한 생활을 했다. 2021년도 말경에 오미크론이 창궐하기 직전까지 약 3개월 간 상황이 호전됨을 틈타서 페레이라, 네이바, 메데진 및 파스토 지방출장을 다녀왔다. 콜롬비아 정부가 주최하는 지방행사에 참석하고 그 기회에 대학 강연이나 지방정부 인사 면담 그리고 산업시찰 등 일정을 가졌다.

외교관들이 해외에 근무할 때 많은 시간을 수도에서만 보내는데, 그 경우 주재하는 나라를 이해하는 정도가 낮다. 따라서 가능한 지방을 많이 다니는 게 주재국의 문화나 사회에 대한 이해를 높일 수 있고 또 공공외교를 위해서도 바람직하다. 필자는 콜롬비아에 두 번 근무하면서 32개 주중 26개 주를 방문했다. 필자를 초청한 지방정부들은 모두 그 지역이 커피생산지일 경우 커피산업을 소개하는 일정을 늘 만들어 주었다. 첫 번째 공관장으로 근무할 때도 커피생산지역을 여러 번 방문했던지라 그때와 현재를 비교할 수 있었다. 큰 변화가 일어나고 있었다. 커피경작자들이 과거처럼 커피 생산과 유통을 커피조합이나 커피생산자협회에만 의존하지 않고 자체적인 지역협력단체를 구성하여 자신들이 생산한 커피를 좀 더 좋은 가격에 판매하려는 시도들이 행해지고 있었다.

나리뇨 주 파스토시를 방문했다. 파스토시는 후안 카를로스 카이사(Juan Carlos Caiza) 주한콜롬비아대사의 고향이라 카이사 대사가 오래전부터 방문을 강권했다. 따라서 해묵은 숙제를 완성하는 출장이기도 했다. 나리뇨 주정부는 스페셜티 커피를 한국에 수출하는 데 관심이 매우 컸다. 가는 곳마다 커피는 주요 면담의제가 되었고, 주정부는 다양한 커피산업시찰 프로그램도 마련해주었다.

파스토 시에 거주하는 주한콜롬비아대사 가족과 함께 촬영

　부에사코 지방의 커피경작지를 시찰할 때, 한 젊은이가 계속 우리 대표단을 따라다녔다. 그는 부에사코 시정부의 노란색 조끼를 입지도 않았고, 동행하는 주정부 또는 커피생산자협회 소속 직원도 아니었다. 필자에게 뭔가를 얘기하려고 기회를 찾는 것을 알았지만 주어진 공식 일정을 수행하느라 대화의 기회가 없었다. 커피 농가를 방문하여 커피를 마시는 시간에, 동행하던 에르난도 델가도(Hernando Delgado) 커피 생산자협회 나리뇨 주 지부장이 그 젊은이에게 발언기회를 주었다. 그는 준비했던 말을 열정적으로 쏟아냈다.

　요지는 부에사코 시의 젊은 커피경작자들이 협력단체(Asociación)를 구성했고, 회원들이 모범적인 커피경작기술을 습득하여 양질의 커피를 생산하여 단체로 커피를 판매하고 있으며 필요한 비료나 농자재도 단체로 구입함으로써 소득을 올린다는 것이다. 아울러 자신들이 생산한 커피를 한국에도 수출하고 싶다는 것이다. 그 젊은이가 설명한 일들이 지금 부에사코뿐만 아니라 콜롬비아 커피생산지 곳곳에서 일어나고 있다. 이들은 커피경작자들이 커피생산자협회와 커피조합이 90여

커피생산자협회 에르난도 델가도 나리뇨 주 지부장과 함께 커피조합 방문

년에 걸쳐 만들어온 시스템에만 의지하지 않고 자신들만의 독자적인 시스템 구축을 모색하고 시도하기 시작한 것이다.

　나중에 디아나 데 로스 리오스(Diana de los Rios) 인베스트 나리뇨 (Invest Nariño) 국장에게 물어보니, 그 젊은이는 '부에사코 미래 커피경 작협회(Asociación Cultivando Futuro de Buesaco)' 회원이라고 한다. 이 단체는 2019년에 24개 커피농가가 모여 결성되었고, 농장규모가 4헥타 르 미만으로 84점 이상의 평가를 받은 스페셜티 커피 생산 농가만을 회원으로 받는다고 한다. 이들은 농자재 공동구입을 통해 생산비용을 줄이고, 커피경작에 최신 경작기술을 사용하며 생산한 양질의 커피를 공동으로 판매한다. 그들은 지금까지 단지 한 번 외국에 커피를 수출한 적이 있으며 수출루트 개척에 관심이 크다고 한다. 카톨릭 복지단체가 그들의 협력단체 결성과 커피생산기술 습득을 지원하고 있다.

　커피농가 자녀 9명이 결성한 '카부아 카페 에스페시알(Cabua Cafe

Especial)'도 '부에사코 미래 커피경작협회'에 회원으로 가입했다. 이들 9명의 젊은이들은 커피 평가 및 바리스타 과정에서 만났으며, 파스토 시에서 매년 개최되는 국제적인 축제(Carnaval de Negros y Blancos)에 참가하는 외국 관광객에게 자신들이 생산한 커피를 소개하고 판매하기 위해 의기투합했다고 한다. 그들은 커피에 '카부아(Cabua)'상표를 붙였고 조만간 소매가게를 오픈할 계획이라고 한다.

콜롬비아에서 영세 커피경작자들의 소득증대를 위한 자구노력은 이미 대세다. 필자의 관찰로는 이와 같은 현상에 몇 가지 이유가 있다. 첫째, 1헥타르 미만의 영세 커피경작자들은 커피생산자협회가 매일 정하는 국내기준가격으로 커피를 판매해서는 가족을 부양할 수 없다는 것이다. 둘째, 콜롬비아 커피생산자협회와 커피조합에 대한 신뢰의 문제다. 그들이 수십 년 동안 구축해온 커피 생산 및 유통 시스템과 커피 기준가격에 의문을 갖게 된 것이다. 커피경작자들은 생산한 커피를 커피조합이나 커피생산자협회에 의존하지 않고 소비자나 수입업자에게 직접 판매할 경우 더 많은 소득을 올릴 수 있다는 것을 깨닫게 된 것이다. 지금까지 커피생산자협회나 커피조합으로부터 비료 등 농자재를 할인가격으로 구입해왔다. 그런데 그들이 이제는 더 싸게 구입하는 방법을 찾고 있다. 그렇다고 그들이 커피조합이나 커피생산자협회에서 탈퇴하는 것은 아니며 조합원증은 그대로 보유한다. 조합원으로서 얻는 여러 가지 혜택도 있기 때문이다.

셋째, 커피 소비자들의 소비행태의 변화가 커피경작자들에게도 영향을 미치고 있다. 소비자들의 기호가 복잡해지고 다양해지고 있다. 커피에 대한 소비자들의 지식수준도 향상되었다. 자신들이 마시는 커피에 대해 호기심도 많아지고 더 많이 알고 싶어 한다. 고급커피 즉, 스페셜티 커피에 대한 수요가 늘어나고 있다. 자신들이 선호하는 커피에 대해서는 관대하게 지갑을 연다. 일종의 트레이드 업(trade up) 개념이다. 자기가 좋아하는 상품에 대해서는 얼마든지 돈을 지불한다. 그런데 트레이드 다운(trade down) 개념도 있다. 가정주부들이 재래시장에서 콩나물 등 채소값을 깎는 것처럼 소비자들은 일상적으로 구입하는 상품에 대해서는 어떻게든 가격을 깎으려고 한다는 것이다. 콜롬비아 커피농들은 그러한 소비자들의 변화를 잘 인식하고 있다. 양질의 스페셜티 커피를 생산하고 홍보하면 높은 가격에 판매할 수 있다는 것을 안다.

넷째, 인터넷과 소셜네트워크가 발달하여 전통적인 판매망에 의존하지 않고도 자신들의 커피를 널리 알릴 수 있고 직접 판매할 수 있다고 생각한다. 우수커피선발대회도 다양하게 개최되는 지라 그곳에서 좋은 평가를 받으면 수십 배까지 가격을 더 받을 수 있다는 것을 그들은 안다. 변화는 이미 시작되었다. 오랜 역사를 지닌 콜롬비아의 커피 생산 및 유통체제가 젊은 세대들이 만들어내는 변화의 바람을 강하게 맞고 있다.

02
커피 생산의 차별화

콜롬비아 커피는 세계 소비자들에게 고급 마일드 아라비카 커피로 잘 알려져 있다. 그럼에도 불구하고 국제커피대회에서 입상한 일부 스페셜티 커피를 제외하고는 커피가격이 높게 매겨지지 않는다. 따라서 콜롬비아 커피농가들의 소득수준은 특별히 나아지지 않는다. 농자재 가격 인상으로 인한 생산비의 확대, 점점 엄격해지는 퀄리티 컨트롤, 중간 매매상의 과도한 마진, 홍보 및 투자부족 등 여러 가지 이유가 있다. 이와 같은 문제점들을 극복하고 소득을 확대하기 위해 콜롬비아의 젊은 커피경작자들이 개혁마인드를 가지고 다양하게 창조적인 시도를 하고 있다. 특히, 포도생산, 와인제조 그리고 와인 판매방법에서 많은 아이디어를 얻고 있다. 그들은 커피생산 과정이 와인의 생산과정과 크게 다르지 않다는 데 착안한다.

통상적인 커피 생산과정은 다음과 같다. 우선 커피열매에서 과육을 벗긴다. 찌꺼기(mucílago)가 일부 붙어있는 커피콩을 적절한 시간 동안 발효시킨 후에 이를 물에 씻거나 또는 발효과정 없이 과육 찌꺼기가 붙은 채로 말리면 각각 워시드(washed) 또는 허니(honey) 커피가

된다. 과육을 벗기지 않고 체리를 그대로 말리면 내추럴(natural) 커피가 된다. 마른 체리 과육 또는 과육 찌꺼기가 붙어 있거나 또는 그들이 제거된 딱딱한 껍질이 있는 페르가미노 커피콩을 트리야도라 기계로 껍질을 벗겨내면 회색을 띤 연한 초록색의 커피생두가 나온다. 커피생두를 토스트하고 그라인딩한 가루를 뜨거운 물에 우려낸 게 바로 우리가 마시는 커피다.

19세기 까지만 해도 아무도 발효과정에 대한 과학적인 설명이 없었다. 프랑스의 화학자 겸 미생물학자 루이스 파스퇴르는 발효과정에서 효소 또는 미생물의 작용으로 인해 물질의 변화가 일어난다는 것을 밝혔다. 와인생산 과정에서 발효과정은 필수다. 그러나 콜롬비아에서는 커피콩에 남아있는 과육찌꺼기를 제거할 것을 권고한다.

그렇지 않을 경우 과육찌꺼기에 곰팡이가 피어서 썩어버리기 때문이다. 그러나 발효과정을 적절하게 조절할 경우에는 와인에서와 같이 커피에서도 700여 개의 활성 또는 비활성물질이 나오며 이는 커피의 맛을 풍부하게 만든다. 따라서 오늘날 일부 선구자 정신을 가진 커피경작자들이 발효과정을 통해 차별화된 커피를 생산한다.

톨리마 주 비야 레스트레포(Villa Restrepo) 시의 라 네그리타(La Negrita)농장의 주인인 마우리시오 샤타(Mauricio Shattah)는 그러한 의미에서 선구자다. 일단 그의 농장에서 재배되는 커피품종이 이채롭다. 게이샤, 부르봉 로호, 부르봉 아마리요, 모카, 마라고지페 등 콜롬비아에서 드물게 재배되는 품종들이다.

그는 산소가 없는 상태에서의 발효 또는 알코올 발효를 적극 시도하고 있다. 그 과정을 거치면 신선하고 깨끗하며 강한 향을 지닌 커피가 생산된다는 믿음을 갖고 있다. 그러면서도 여러 가지 변수를 잘 통

내추럴 커피 생산을 위해 자연건조 중인 커피체리

제하지 않으면 커피가 가진 고유의 성질 그리고 자연의 맛과 향이 변화된다고 생각한다. 예를 들어 감귤류와 꽃 그리고 단맛과 향을 지닌 민감한 커피품종인 게이샤를 잘못 발효시키면 고유의 맛과 향이 사라지고 엉뚱하게도 초콜렛과 계피 맛을 지닌 커피가 된다고 경고한다.

산탄데르 주 부카라망가 시에서 멀지 않은 곳의 메사 데 로스 산토스(Mesa de los Santos) 커피농장 주인도 새로운 시도를 하고 있다. 그는 발효를 통해서 단일품종뿐만 아니라 블렌딩한 커피의 맛과 향도 변화시킬 수 있다고 한다. 다양한 커피를 믹스함으로써 수백 또는 수천 종류의 맛을 만들 수 있다고 믿는다.

그는 코팅한 금속으로 만든 발효통에 커피열매를 그대로 넣어 발효시킨다. 와인 발효 방식이다. 커피열매 과육이 발효된, 레드와인과 같은 모습의 붉은 액체를 다른 커피 발효에 활용한다. 콜롬비아에는 라네그리타와 메사 데 로스 산토스 농장과 같은 창의적인 커피가공을 하는 농장들이 여럿 있다. 그들은 차별화된 커피를 생산하여 파운드당 300달러가 넘는 가격으로 판매하기도 한다.

같은 커피농장에서 같은 품종의 커피를 재배하더라도 경사진 커피 경작지의 어느 사면에서 어떤 방향으로 커피나무를 심느냐에 따라 맛이 달라진다. 라 네그리타 농장 주인 마우리시오 샤타는 미국 나파밸리 로버트 몬다비 와이너리를 방문해서 영감을 얻었다. 그 와이너리에서는 같은 포도농장에서 같은 품종의 포도나무를 심었지만 재배방향을 달리했더니 다른 맛의 포도와 와인이 생산되었다고 한다. 예를 들어 동쪽에서 심은 포도로 생산한 포도주와 서쪽에서 심은 포도로 생산한 포도주의 맛이 서로 다르다는 것이다. 그는 캘리포니아에 돌아와서 즉시 게이샤 로호 품종을 가지고 실험을 했으며 성공을 거두었다.

그 이외에도 콜롬비아에서는 커피의 차별화를 위해서 다양한 시도들이 행해지고 있다. 와인의 경우처럼 커피의 수확시기를 달리해서 다른 맛과 향의 커피를 생산한다. 늦게 수확할 경우 커피의 당도가 높아진다는 것은 이미 알려진 사실이다. 어떤 커피경작자는 수십 가지 커피 블렌딩을 시도하고 있다. 일부는 와인의 포장 디자인을 커피에 사용하기도 한다. 차별화가 소득증대로 이어짐은 당연하다. 에헤 카페테로의 미라플로레스 농장(Finca Miraflores)은 그 지역을 자전거로 여행하는 여행객을 겨냥하여 페달링 커피(Pedalling Coffee)상표로 커피를 판매하고 카페도 운영한다. 커피와 사이클링을 결합한 것이다. 그곳에서는 커피를 가공하는 과정도 소개한다.

03
제3의 물결

1976년 와인업계에서 "파리의 심판" 사건이 발생했다. 블라인드 테스팅에서 캘리포니아 와인들이 역사와 전통을 자랑하는 프랑스 와인을 제치고 최고의 평가를 받은 것이다. 이 사건은 세계 최고의 와인이나 최고의 커피는 정해진 곳이 따로 있는 게 아니고, 재배지역의 땅과 물과 바람이 도움을 주고 재배자의 정성과 노력이 들어가면 최고가 될 수 있다는 교훈을 남겼다.

스페셜티 커피에 대한 소비자들의 선호도가 점점 높아지고 있다. 통계에 따르면 한국커피시장에서 스페셜티 커피의 비중이 17%까지 높아졌다고 한다. 소비자들은 커피의 향미에 눈을 뜨면서 커피를 와인처럼 가려마시기 시작했다. 와인처럼 커피도 산지와 품종의 특성을 오롯이 반영하여 즐기자는 움직임이다. 스타벅시즘으로 상징되는 커피 맛의 획일화와 몰개성화에 반기를 든 것이다.

스타벅스도 이러한 움직임을 인지하고 고급커피를 제공하는 리저브(Reserve) 매장을 운영하기 시작했다. 2014년 스타벅스가 한국에 리저브 매장을 설치하자 파스쿠치, 엔제리너스, 탐엔탐스, 할리스커피 등

체인들도 스페셜티 커피를 취급하기 시작했다. 스페셜티 커피만을 공급하는 도매상들도 곳곳에 들어서는 추세다. 콜롬비아 에헤 카페테로의 자연을 머금은 스페셜티 커피도 한국소비자들에게 더 많이 소개될 것으로 보인다.

바야흐로 '제3의 물결'로 불리는 스페셜티 커피의 시대가 도래했다. 미국스페셜티커피협회(SCAA) 직원이었던 트리시 로스겝(Trish Rosgeb)이 2002년 한 언론기고문에서 이 용어를 처음 사용했다. 미국의 미래학자 앨빈 토플러의 저서 '제3의 물결'을 차용한 것이다. 어느 시점이 제1물결이고 제2물결인지는 정확하지 않으나 인스턴트 커피가 소비자들에게 커피음용의 편리함을 가져다 준 것이 제1의 물결이라고 하면, 스타벅스가 상징하는 것처럼 규격화된 커피의 대중화를 제2의 물결로 볼 수 있다. 스타벅스의 성장세는 지금도 무섭다. 스타벅스는 수 천 년 전통 차 음용의 역사를 지닌 수억의 중국인들의 습관을 바꾸었다. 스타벅스는 1999년 1월 중국에서 1호점을 개설한 이래 2022년 초 현재 200개 이상의 도시에 5,400개의 매점을 보유하고 있다.

제3의 물결을 옹호하는 사람들은 커피농들과 직접적인 관계를 맺으며, 그들의 품질향상을 지원하고 그들이 생산한 커피를 최고수준의 가격으로 구입한다. 그들은 투명성을 높이고 소통을 촉진하기 위해 로스터, 커피농, 수출업자, 수입업자, 바리스타들 간의 모임도 가진다. 아울러 최고품질의 커피를 만들기 위해 끊임없이 혁신을 추구한다.

소위 포미(FORME)족이 제3의 물결로 대변되는 스페셜티 커피 소비를 리드한다. 포미족은 건강을 중시하며(For Health), 싱글(One)이고, 여가(Recreation)를 즐기며, 편안함(More Convenient)을 추구하고 고가(Expensive)의 상품을 구매한다. 자신들을 위해 사치를 추구하는 성향을 가진 사람들이다.

2022년 2월에 코엑스에서 개최된 서울 카페쇼는 'ALWAYS'를 2022년도 커피산업 키워드로 선정했다. 이는 커피소비자들의 트렌드를 잘 반영한다. A는 대안(Alternative)으로 소비자들에게 대체가능한 옵션을 제공하는 것이다. 즉, 비건(vegan)소비자를 위해 우유 대신에 귀리 우유를 제공하는 것과 같다. 콜롬비아에서 아모르 페르펙토 사가 칸나비디올(CBD)이 함유된 커피를 생산하려는 것도 같은 추세다. L은 지역적(Local)이다. '가장 지역적인 것이 가장 세계적이다'라는 말이 있듯이, 세계적인 지명도를 얻으려면 지역적인 것을 더욱 잘 알아야 한다. 세계 소비자들은 독특한 상품 즉, 지역적인 상품에 매료된다. 스페셜티 커피가 뜨는 이유도 바로 거기에 있다.

W는 복지(Wellness)로 Well-being과 Fitness가 결합되었다. 행복하고 건강한 삶을 추구한다는 것이다. 또 다른 A는 자동화(Automation)다. 커피산업에 기술이 접목되고 있다는 것이다. 커피의 생산, 가공, 유통, 보관, 서빙 등 과정에 다양한 신기술이 도입되고 있다는 데는 더 이상 설명이 필요 없다. Y는 자신(Yourself)이다. 소비자들이 스스로 커피를 만든다는 것이다. 자기만의 커피를 고르고 맛을 찾는다는 의미도 있다.

이제 세상은 개성의 시대가 되었다. 개성은 매력이다. 마지막으로 S는 지속가능성(Sustainability)이다. 지속가능한 친환경 소비를 강조한다. 무공해 유기농커피와 공정커피가 각광을 받는 이유다. 사실 가난에 찌든 영세경작자들이 생산한 커피는 기본적으로 유기농커피였다. 비료나 살충제를 살 형편이 못 되었기 때문이다. 현재 유기농 인증커피가 수백 개나 된다. 소비자들은 소비를 통해 건강한 자연과 건강하고 공정한 사회를 추구한다. 포미족의 소비행태와 유사하다. 이러한 추세는 콜롬비아 커피산업에도 변화의 동인(動因)으로 작동하고 있다.

04
변화하는 커피소비 트렌드

커피에 대한 우리나라 소비자들의 기호와 취향이 변화하고 있다. 우리나라의 이야기만은 아닌 것 같다. 소득수준 향상으로 배고픔의 문제가 해결되자 먹는 식품에 대한 관심이 높아지게 되었다. 특히, 건강한 식품, 퀄리티 있는 식품을 찾게 되었다. 어렸을 때 가난과 배고픔을 경험한 사람일수록 성년이 되어서 먹는 것에 대한 관심이 많다. 먹는 것에 대한 일종의 한풀이가 아닌가 생각된다. 그러니 대한민국 국민의 최대의 여가활동이 맛집 찾기가 된 게 당연하다.

지난날을 조금만 돌아보면 이해가 간다. 한국전쟁 직후 한국의 개인당 GDP가 67달러였다. 최빈국의 하나였다. 1950년대 베이비 붐 시대에 태어난 사람들은 거의 대부분 보릿고개라는 말을 알고 경험했을 것이다. "입을 하나 던다"는 얘기가 있다. 식구 한명이 줄면 먹을 걱정이 그만큼 줄어든다는 얘기다. 지금의 아이들은 그 사정을 전혀 이해하지 못한다.

커피도 맛있어야 팔린다. 물론 커피를 그저 카페에서 사람들과 소통하는 데 딸려 나오는 의례용 보조식품으로 여기기도 하지만, 그렇게 생각하는 사람은 소수일 것이다. 이제는 커피의 가격도 만만치 않다. 보통 커피체인점에서 커피 한 잔이 3~4달러나 되고 고급호텔에서는 10달러가 넘는다. 소비자들은 자기가 돈을 지불하고 사는 물품에 대해서는 그만한 효용가치가 있는 지를 철저하게 따진다. 가치가 없으면 냉정하게 외면한다. 커피도 이제는 맛있거나 또는 자기 취향에 맞아야 소비자가 지갑을 연다. MZ세대일수록 그러한 경향은 더욱 강하다. 커피 비즈니스가 성공하려면 새로운 트렌드를 간파하고 적시에 적절한 방법으로 대처해야 한다.

커피의 맛은 커피의 품종, 생두의 생산지와 퀄리티, 체리에서 생두가 되기까지 가공과정, 생두를 볶는 정도와 방법, 물을 희석하여 커피가루에서 커피성분을 추출하는 방법, 커피에 희석하는 다양한 부가물질 등에 따라 천차만별이다. 수천의 콤비네이션을 만들 수 있다. 이제 소비자들은 자기가 마시는 커피를 선택하여 마신다. 원산지 국가 이름을 말하고 좋아하는 커피의 향미를 주문한다. 로스팅 스타일과 디카페인 또는 레귤러인지도 정한다. 분쇄되는 커피 입자의 크기도 요구할 수 있다. 소비자들에게 그들이 원하는 맛의 커피를 제공하는 것은 비즈니스의 기본이다. 나아가 새로운 맛을 적극적으로 창출하여 소비자들이 구매하도록 설득하는 게 제3의 물결 시대의 커피 비즈니스다. 사회학자 레이 올드버그(Ray Oldberg)는 카페의 생존여부가 낭만적으로 보이는 과거가 아닌, 현대에 살고 있는 소비자들의 요구를 충족시킬 수 있느냐 없느냐의 능력에 달려있다고 했다.

소비자들은 호기심이 많다. 과거에는 필요와 효용만 있으면 되었지 소비하는 물품의 정보에 그리 큰 관심이 없었다. 책상을 예를 들어보자. 공부하거나 일하는 데 편하면 그만이었다. 요즈음 소비자들은 다르다. 책상에 사용된 나무가 자연목인지 합판인지 그리고 어떤 종류의 나무를 사용했는지 그 나무는 어디서 생산된 것인지 등에 관심을 갖는다. 한국의 쌀 생산자들은 쌀 포대에다 품종, 생산자, 생산지역, 생산시기, 쌀의 특징 등 정보를 인쇄하여 소비자에게 제공한다. 생산자의 사진과 전화번호도 넣는다. 이는 소비자들의 호기심을 충족시키는 이외에 투명성과 신뢰감을 제고하는 방법이다. 와인의 라벨에도 단일 포도품종인지 혼합된 와인인지, 어느 나라 어느 와이너리에서 생산된 상품인지, 등급은 어떠한지가 쓰여 있다.

커피에 대한 소비자의 기대도 마찬가지다. 소비자들은 궁금하다. 몸속으로 들어가는 커피가 어떤 품종이고, 어느 나라에서 누가 경작했으며 어떻게 가공되었는지 그리고 커피의 카페인 함량이 어느 정도인지 알고 싶어 한다. 소비자들의 알 권리이기도 하다. 커피생산자나 유통업자 그리고 커피판매점 주인은 그 호기심과 의문을 해소할 의무가 있다. 소비자의 알 권리를 존중한다는 의미도 있다. 필자는 콜롬비아에서 지방을 방문하는 기회에 가끔 그 지역 상공회의소를 들러 현지기업인들과 대화를 나누었다. 커피경작자들에게는 새로운 소비트렌드에 대해 설명하며 마케팅 방법의 변화를 주문하곤 했다.

소비자들은 스토리에 열광한다. 어떤 경우는 상품의 내재가치보다 그 상품에 입혀진 스토리의 가치를 높이 산다. 테마여행이 인기 있는 것도 마찬가지다. 여행객들은 스토리로 인해 여행의 동기를 부여받는다. 셰익스피어의 로미오와 줄리엣은 이탈리아 북부도시 베로나를 연인들의 필수 관광지로 만들었다. 예루살렘과 메카는 크리스찬들과 무슬림들이 평생을 계획하여 방문하는 장소다. 애니메이션이나 만화영화가 유행하는가 싶으면 그 영화에 나오는 인형이나 소품이 불티나게 팔

커피품종, 생산자, 생산지역, 생산지 고도 등 상세정보가 수록된 커피포장지

린다. 스포츠선수들의 유니폼도 비싸게 팔린다. 기억될 만한 스토리를 만드는 것과 더불어 그 스토리를 널리 홍보하는 노력도 중요하다. 커피에도 스토리를 입힐 수 있다. 콜롬비아에는 평화의 커피, 여성의 커피, 수도원 커피, 대학 커피 등 스토리를 가진 커피상품들이 많다.

소비자들이 사회적 기여를 고려하여 소비하는 경향이 커지고 있다. 요즈음 기업들에게 ESG가 대세다. 기업들은 환경친화적이고(environment), 사회적 기여를 고려하며(social), 바람직한 기업구조(governance)를 감안하여 투자를 해야 한다는 것이다. 소비자들도 자신의 소비활동이 누군가에게 유익을 준다면 조금 비싸더라도 구입한다. 사회적으로 기여하는 소비를 하겠다는 것이다.

반세기 동안 진행된 콜롬비아 내전은 수십만의 인명을 앗아갔다. 콜롬비아 국민들에게 그 무엇보다도 평화정착이 소중하다. 그 평화를 일구고 가꾸는 과정에서 커피가 밀알이 되고 있다. 평화협정으로 무장 게릴라들이 무기를 반납했다. 정부군과 무장반군 간의 전쟁으로 많은

무공해 유기농 커피제품 상표

여성들이 인권유린을 당했다. 콜롬비아에서는 무장해제자들과 여성가장들이 커피재배를 통해 새로운 삶을 개척하고 있다. 콜롬비아 커피를 마시는 것은 콜롬비아의 평화에 기여하는 것이다. 그것을 알면 커피의 맛이 배가될 것이다.

　무공해 유기농커피를 소비하는 것은 우리 자녀들이 살아갈 지구의 환경보전에 도움이 된다. 공정무역도 사회적 기여를 바탕으로 만들어진 개념이다. 공정무역커피를 소비하는 것이 바로 영세 커피농가를 돕는 것이다.

05
기후변화와 커피산업의 위기

기후변화는 커피경작에도 위기를 가져오고 있다. 국제열대농업센터(CIAT)에 의하면 기후변화로 현재 커피경작지의 50%가 2050년까지 커피경작지로 부적합해진다고 한다. 영국의 왕립식물원도 2080년까지 현재 아라비카 품종 재배지의 99.7%가 커피재배에 부적합해질 가능성이 크다고 했다. 커피는 온도에 민감한 식물이라서 평균온도가 섭씨 1도만 달라지면 커피 맛이 달라지고 2도가 변화되면 생산성이 급락하며, 3도가 달라지면 커피나무가 자랄 수가 없다고 한다. 특히, 아라비카 품종은 유전적 다양성이 부족하여 기후변화와 질병에 취약하다. 기온을 상승시키고 우기를 길게 만들어 커피녹병이 창궐하는 환경을 만든다. 영세 커피경작자들은 기후변화 대처능력이 부족하기 때문에 대농장에 비해 더 취약하다.

커피녹병은 건기가 시작되면 사라지는 곰팡이 병이었으나 기후변화로 우기와 건기의 균형이 깨지면서 곰팡이들이 기승을 부리게 되었다. 본래 커피녹병은 추운 곳에서는 활동하지 못했다. 그러나 기후변화로 온도가 높아지자 높은 고도의 커피농장도 피해를 입게 되었다. 커피녹병은 오래되거나 약한 커피나무를 더 많이 공격한다. 영세농들은 그와 같은 사실을 잘 알지라도 투자자금이 부족하여 노령의 커피나무를 교체하기가 쉽지 않다.

커피나무가 기후변화로 인해 고지대로 쫓겨 가고 있다. 기온이 상승하자 농장주들이 산악지대 경사지의 더 위쪽으로 커피재배지를 옮기고 있는 것이다. 산의 구조가 원뿔형상이라 위쪽으로 올라갈수록 토지면적이 줄어들기 때문에 커피 재배면적도 줄어드는 게 자명하다. 다만, 고도가 높아질수록 생산되는 커피콩이 단단하고 품질도 좋아진다는 장점이 있다.

2022년 2월초 에헤 카페테로 중심지인 마니살레스에서 산사태가 발생하여 17명이 사망했다. 하루에 90밀리미터 강우가 내렸다. 우리나라 기준에서 보면 그리 큰 강우량이 아니지만, 콜롬비아에서는 사정이 다르다. 에헤 카페테로 지방은 장년기 산지라 급경사의 계곡이 발달해 있고, 그 경사면에서 커피경작이 이루어진다. 도로도 마찬가지다. 산의 사면을 가파르게 깎아서 만든 도로가 대부분이고 우리나라와 같이 암석지형이 아니라서 시도 때도 없이 토사가 도로를 덮친다. 그러니 기본적으로 도로 등 인프라 건설에 많은 비용이 들어간다. 산사태 예방시설이나 관리예산이 부족하여 조금만 비가와도 도로가 두절되고 며칠 간 방치된다. 콜롬비아 커피생산지도 기후변화 피해에 많이 노출되어 있다.

기후변화는 개도국에 많은 피해를 유발한다. 영국의 구호단체 옥스팜은 우간다에서의 기후변화가 수십 년 내 동아프리카 국가들의 핵심수출품목인 커피를 멸종시킬 수도 있다는 보고서를 발표했다. 우간다는 에티오피아에 이어 아프리카에서 두 번째로 커피를 많이 생산한다. 옥스팜 보고서는 지구 평균기온이 섭씨 2도 상승하면 우간다에서

에헤 카페테로 지방에서 흔히 발생하는 산사태로 인한 도로 두절

커피재배가 불가능해지며, 최소 30년 또는 40년 내에 그러한 일이 발생할 것이라고 했다. 동아프리카커피협회 회장은 커피농가가 커피재배를 지속해줄 것을 요청했다. 커피나무를 더 많이 재배할 경우 지구의 온도상승을 막을 수 있다고 주장한다. 기후변화에 적응하려는 노력이 필요함을 강조한 것이다.

기후변화문제는 커피 등 농작물생산에 국한되는 문제가 아니다. 벌써 모든 인류의 삶에 영향을 미치기 시작했다. 기후변화를 음모론으로 주장하는 세력들도 있었으나 지금은 온 인류가 대처해야 할 최대의 시급한 문제라는 데 이견이 없다. 2015년 파리기후변화협약에서 지구의 평균기온 상승폭을 산업화시대 이전 대비 섭씨 2도보다 낮은 수준으로 유지하고 상승폭이 최대 1.5도를 넘기지 않도록 하는 데 합의했다. 2050년까지 전 지구적 탄소중립도 선언했으며, 각국은 자발적인 온실가스감축 목표(NDC/Nationally Determined Contribution)를 설정하기로 했다.

중남미국가 중 콜롬비아는 기후변화 문제에 선도적 역할을 하고 있다. 2050년 탄소중립을 선언한 것을 물론, 2030년까지 BAU(Business As Usual)대비 51% 온실가스감축 목표를 발표했다. 해당 국가들을 규합하여 아마존 분지의 보호에도 열정적이다. 화석연료를 신재생에너지로 대체하는 야심적인 계획을 갖고 있으며 이를 행동으로 옮기고 있다.

콜롬비아 커피생산자협회 소속의 커피연구기관인 세니카페(Cenicafé)는 2022년 3~5월에 라 니냐(La Niña) 현상이 발생할 확률이 90% 이상이라고 경고했다. 태평양 표층수온이 낮아지고 있고, 태평양 적도 지역에서 동풍이 강화되고 있다는 것이다. 라 니냐 시기는 콜롬비아에서 커피수확 시기와 맞물려 있고 일부지역에서는 커피나무 개화시기와 겹친다. 2월 초중순이면 건기에 속함에도 불구하고 보고타에서는 하루에 한번 강우가 내린다. 어떤 때는 우박도 쏟아진다. 이미 라 니냐의 영향권에 들어왔다. 2022년 1월 커피생산량도 줄어들었다. 커피가격 급등으로 농가의 수입이 늘어났지만 이는 일시적인 현상일 뿐이며, 각 커피농장들은 피해를 줄이기 위한 나름대로의 대비를 해야 한다.

커피산업분야에서도 기후변화에 대응하기 위한 노력이 세계 곳곳에서 이루어지고 있다. 그 중 하나가 기후변화에도 생존할 수 있는 커피품종을 찾아내는 것이다. 2018년에 아프리카 시에라리온에서 커피야생종이 발견되었다. '스테노필라(Stenophylla)'로 명명된 이 야생종 커피는 1954년 이후 종적을 감추었으나 다시 발견된 것이다. 커피전문가들이 이 커피를 스페셜티커피협회 평가기준으로 테스트해본 결과 80.25

점을 받았으며 스페셜티 커피 기준 80점을 충족시켰다. 스테노필라는 아라비카에서 기대할 수 있는 자연적인 단맛, 중간 정도의 산도, 과일향, 풍부한 바디를 가지고 있었다. 81%의 전문가들이 스테노필라와 아라비카의 차이를 구분하지 못했다.

아라비카 품종은 평균 섭씨 19도의 서늘한 기후에서 잘 자라고, 로부스타는 23도의 더운 기후에서 잘 자란다. 아라비카는 맛과 향이 풍부하지만 높은 기온에서는 견디지 못한다. 로부스타는 비교적 기후 변화에는 강한 편이지만 맛과 향이 아라비카에 비해 현저히 떨어진다. 스테노필라가 아라비카와 로부스타의 취약점을 모두 보완한 구원투수로 등장한 것이다. 스테노필라는 연평균 24.9도의 온도에서 자라며 고온에도 잘 견디면서 풍부한 맛을 낸다고 한다.

PART
5

콜롬비아 커피역사 훑어보기

01
에티오피아에서 콜롬비아까지

9세기에 에티오피아와 아라비아 반도 사이에 무역루트가 개척이 되었으며 주로 아프리카 노예가 상품으로 거래되었다. 아라비아 반도 남단의 예멘을 지배했던 왕조는 요새를 건설하기 위해 노예를 들여왔다. 따라서 9세기경에 에티오피아의 커피가 예멘에 전해졌을 것으로 추측된다. 당시 세계 학문의 중심지 페르시아 의학서에 커피가 나온다. 100년 뒤 페르시아의 이븐 시나(Ibn Sina)가 집필한 의학전범에도 예멘에서 보낸 식물생약이 소개되는데 커피콩으로 추측된다. 예멘의 커피는 이슬람 전역으로 급속하게 확산되었다. 이슬람의 성지 메카에도 커피전문점 카페하네(Kahve Hane)가 생겼다. 예멘이 오스만터키의 지배하에 들어가면서 오스만제국에 의해 커피가 이슬람권으로 더욱 확산되었다.

커피는 16세기 말 유럽에 알려졌다. 네덜란드는 17세기에 예멘에서 커피나무를 몰래 빼내어 암스테르담의 온실에서 길렀다. 이후 커피는 실론(Ceylon) 섬(지금의 Sri Lanka)에 옮겼으며 17세기 말에는 인도네시아 자바 섬에서 커피를 재배하여 자국으로 들여왔다. 프랑스도 네덜란드로부터 커피묘목을 받았다. 암스테르담 시장이 프랑스의 루이 14세에게 선물로 준 것이다. 프랑스는 이를 왕립식물원에서 키워 번식시켰다.

이 커피나무는 클리외(Gabriel de Clieu)라는 프랑스 해군장교에 의해 1723년에 카리브 해의 화산섬 마르티니크(Martinique)로 옮겨졌다. 클리외는 3개월 항해기간 동안 자기가 마실 물을 아껴서 커피묘목에 주었고 3그루를 간신히 살려냈다. 마르티니크 섬에서 확산된 커피나무가 브라질을 포함하여 라틴아메리카 대륙으로 퍼져나갔다. 즉, 프랑스 해군장교 클리외가 중남미 커피의 아버지가 된 것이다. 그가 중남미에 가져온 커피나무는 티피카 품종이었다. 세계적으로 알려진 블루마운틴 커피를 생산하는 자메이카도 1728년에 마르티니크 섬으로부터 커피나무를 받았다.

클리외가 커피나무를 마르티니크로 옮기기 이전에 프랑스는 커피나무를 지금의 아이티에 옮겨 재배했다. 그러나 허리케인으로 인하여 대부분의 커피나무가 손실되었으며, 결국 마르티니크 섬에서 커피묘목이 아이티로 다시 전해졌다. 이후 아이티는 커피생산의 전성기를 맞게

카리브해의 프랑스령 마르티니크 섬(형광펜 표시)

되었으며 1750년경에는 아이티가 세계 커피생산량의 50%를 점유하게 되었다. 지금의 수리남인 네덜란드령 가이아나에도 마르티니크 섬보다 먼저 커피나무가 이전되었다. 네덜란드는 암스테르담 식물원의 커피나무를 그곳에 보내 노예의 노동력을 활용하여 이를 재배했다. 인접한 프랑스령 가이아나는 그곳에서 죄를 짓고 네덜란드령 가이아나로 도망간 죄수를 이용하여 네덜란드령 가이아나에서 커피나무를 훔쳐왔다.

18세기에 중남미로 확산된 티피카 품종과는 달리 부르봉 품종은 19세기가 되어서야 중남미로 전해졌다. 18세기 초반 예멘을 방문한 프랑스 사절단에 의사가 포함되어 있었다. 그가 예멘 왕의 중이염을 고쳐주었고 예멘 왕은 감사표시로 60그루의 커피나무를 프랑스 대표단에 전했다. 항해 중에 20그루만 살아남았으며 이 커피나무는 인도양의 프랑스령 섬에 심겨졌다. 기후조건이 다른 터에 오직 한 그루만이 살아남아 열매를 맺었으며 그 종자가 밑거름이 되어 재배가 확산되었다. 그 인도양의 섬이 부르봉이었으며 커피품종에도 섬 이름을 붙였다. 부르봉은 프랑스의 대표적인 왕가 이름으로 섬 이름에 왕가 명칭을 붙였을 것이다. 섬의 이름은 뒤에 레위니옹으로 바뀌었다. 부르봉 품종은 오랜 시간 뒤에 브라질 상파울로에 처음으로 전해졌다.

브라질에 커피나무가 처음 전해진 것은 프랑스령 가이아나로부터였다. 브라질을 지배하고 있던 포르투갈은 네덜란드와 프랑스가 커피로 많은 돈을 벌고 있다는 소식을 잘 알고 있던 터에 프랑스령 가이아나에 커피가 재배되고 있다는 정보를 얻었다. 커피나무를 가져오기 위해 호시탐탐 기회를 엿보다가 결국 기회를 잡았다. 네덜란드와 프랑스 간에 가이아나를 둘러싼 국경분쟁이 벌어지자 이들은 포르투갈에 중재를 요청했다.

포르투갈은 중재자로 미남 군인 파리에타(Francisco de Mello Palheta)를 프랑스령 가이아나에 보냈다. 그는 프랑스 총독 부인에게 의도적으로 접근하여 연인이 되었다. 그녀는 중재임무를 마치고 브라질로 귀임하는 파리에타에게 석별의 꽃다발을 전해주었으며 그곳에 다섯 그루의 커피나무가 숨겨져 있었다. 그 다섯 그루가 브라질을 커피대국으로 만든 것이다. 참고로 가이아나는 식민지 제국주의 시대에 영국, 네덜란드 및 프랑스에 의해 3개로 분할되었고, 영국령 가이아나는 가이아나로, 네덜란드령 가이아나는 수리남으로 독립하였으며 프랑스령 가이아나는 지금도 그대로 남아있다.

콜롬비아에는 1730년대 예수회 소속의 스페인 신부에 의해 커피가 전해진 것으로 알려졌다. 그보다 훨씬 이전인 16세기 중반에 예수회 신부가 전했다는 이야기도 있다. 기록이 없으니 어느 것이 맞는지 모른다. 그러나 마르티니크 섬에서 상인이나 선교사들에 의해 베네수엘라로 커피가 이전되었고, 식민시대 말기에 베네수엘라와 인접한 콜롬비아 산탄데르 지역으로 커피나무가 옮겨졌을 것으로 추측된다. 콜롬비아 사람들은 부카라망가 시 교구 신부(Padre)인 프란시스코 로메로(Francisco Romero) 이야기를 좋아한다.

그는 지금으로 말하자면 기업가정신이 충만한 선각자였다. 로메로 신부는 유럽에서의 커피수요를 감안할 때 커피재배가 콜롬비아 농민들에게 높은 소득을 가져다 줄 수 있다고 생각했다. 그러나 콜롬비아 농부들은 커피재배를 원하지 않았다. 커피묘목을 심은 후 열매가 열릴 때까지 4년을 기다릴 수 없었기 때문이었다. 그러자 로메로 신부는 고해성사를 활용하였다. 즉, 그는 고백한 죄를 용서받는 대가로 커피묘목을 심도록 했다. 죄과가 크면 클수록 더 많은 나무를 심도록 했다. 그의 노력으로 콜롬비아에 커피나무가 전해진 지 100여 년이 지난 1835년경에 산탄데르 및 노르테 데 산탄데르 지역은 커피재배의 메카가 되었다. 이후 커피재배지는 콜롬비아 중심부인 쿤디나마르카 서부지방을 거쳐 안티오키아, 칼다스, 톨리마 그리고 카우카와 우일라로 확대되었다.

02
안티오키아 식민화와 커피산지 개발

　　스페인으로부터 독립하기 이전에 콜롬비아는 금의 나라였다. 17세기에 콜롬비아의 금 생산량은 세계 전체 금 생산의 39%를 차지했다. 스페인은 이 금을 토대로 부를 축적했고 전쟁도 했다. 보고타국제공항을 엘도라도 공항으로 이름을 붙인 데는 다 이유가 있다. 지금도 콜롬비아는 연간 50~60톤의 금을 생산한다. 안데스 산지의 금광맥이 침식되어 강으로 유입되는 과정에서 강바닥에 사금이 많이 묻혀있다. 한편, 콜롬비아는 네덜란드에 이어 세계 제2위의 절화(cut flower) 수출국이다. 보고타 분지가 2,600미터 고지인지라 날씨가 선선하고 병충해가 적어 꽃 생산에 안성맞춤이다. 콜롬비아는 꽃도 커피의 경우와 같이 수출을 염두에 두고 생산을 시작했다. 수출비중은 원유, 석탄, 금, 커피, 절화 순이다.

　　커피 재배가 쿤디나마르카와 안티오키아 지방으로 확대되면서, 콜롬비아 커피생산의 90%를 점유했던 산탄데르 지방의 커피생산 비중이 1800년대 말에는 30%대로 하락했다. 쿤디나마르카에서 서쪽방향으로 농지가 개발되어 가면서 목축업, 사탕수수 플랜테이션이 만들어졌다.

보고타 시 근교의 후사가수가 꽃 재배 농장

초기에는 생활에 필요한 작물들이 재배되었다. 당시에 콜롬비아에서는 담배생산으로 부를 축적한 투자자들이 투자처를 찾고 있었다. 커피가격이 상승하고 국제커피시장이 확대되자 그들은 커피산업에 투자하였다. 담배산업 위축으로 직업을 잃은 노동자들이 대량 배출된 것도 커피산업의 부흥에 좋은 여건을 조성했다. 보고타의 부자들도 땅을 구입하여 대형 커피농장을 만들었다. 당시 사회분위기는 커피농장주가 되는 것이 사회적인 존경과 품위를 얻는 일이었다.

19세기의 마지막 10년은 커피가격 상승에 따라 쿤디나마르카와 톨리마에서 커피농장이 대폭 확대된 시기였다. 그러나 '천일전쟁'은 커피산업에 부정적인 영향을 끼쳤다. 노동문제 발생과 더불어 통신망이 파괴되었고 수출도 심각하게 줄어들었다. 천일전쟁은 1888년 발생하여 1902년까지 1,000일간 지속된 콜롬비아 정당 간 내전으로 이 전쟁으로 10~15만 명이 사망했다. 전쟁이 끝나자 커피산업은 서서히 회복되었고 커피경작지가 안티오키아, 칼다스, 톨리마, 바예 데 카우카 등 서부로 더욱 확대되었다. 사람들은 땅을 소유하기 위한 일념으로 험한 여정을 선택했다. 그들은 나무뿌리를 뽑아가면서 조금씩 숲을 농토로 바꾸었다. 처음에는 식량 확보를 위해 옥수수, 강낭콩, 플라타노 등을 주로 재배했다. 이를 콜롬비아에서는 '안티오키아 식민화(Colonización de Antioquia)' 라고 부른다.

스페인 식민지 시절에 안티오키아는 사람이 거의 살지 않는 외진 지역이었으나, 19세기부터 20세기 전반기까지 사람들이 이주하면서 식민화가 이루어졌다. 시간이 지나면서 생활이 안정되면서 그리고 그 지역의 토양이 커피경작에 적합하다는 것을 알게 되면서 커피를 재배하기 시작했다. 가족 모두가 커피경작에 매달렸다. 아이들은 건조된 커피콩에서 벌레 먹은 콩이나 쭉정이를 골라냈고, 여성들은 커피열매를 수확했으며, 남자들은 제초와 가지치기 등을 담당했다.

1905년에 칼다스 주가 안티오키아 주에서 분리되었다. 1900년 이 두 개 주에서의 커피생산 비중은 15%였으나 1932년에 47%로 확대되었다. 반면 콜롬비아 커피생산 중심지였던 산탄데르, 노르테 데 산탄데르 및 쿤디나마르카 지역의 비중은 82%에서 24%로 축소되었다. 1892년부터 1913년 사이에 커피경작지가 대폭 확장되었다. 안티노키아 주의 경우 953헥타르에서 26,800헥타르로, 칼다스 주는 160헥타르에서 12,000헥타르로 수십 배로 늘었다.

19세기에는 대형농장이 콜롬비아 커피산업을 리드하였으나 20세기에는 중소형 농장들의 중요성이 커졌다. 1878년에는 안티오키아 지역의 4개 농장이 그 지역 커피나무의 46%를 소유할 정도로 콜롬비아 커피산업은 대형농장 중심이었다. 1912~1913년에도 커피가격이 상승하자 막달레나강 상류지역인 쿤디나마르카와 톨리마 지역에 아시엔다로 불리는 대규모 농장이 커피재배를 장악했다.

시간이 지남에 따라 가족단위의 커피경작자들이 늘어났다. 커피소농들은 금융기관의 높은 이자율과, 낮은 가격으로 커피를 구입하려는 외국수입업자들로 인하여 많은 어려움에 직면했다. 한편, 아시엔다에서는 소작농들과의 갈등을 발생했다. 동시에 일부 주민들은 유휴 토지를 불법적으로 점거했다. 콜롬비아 의회는 유휴지를 공공목적으로 수용하는 법을 통과시켰다. 이와 같은 환경 하에서 대규모 농장들은 점점 쇠퇴해갔으며 커피업계의 터줏대감들은 시멘트, 신발, 부동산, 운송 등 분야로 사업을 다각화했다. 1923년 통계로 12헥타르 미만의 커피농가가 콜롬비아 총 커피생산의 56%를 점유한 반면, 35헥타르 이상의 대형농장의 생산비중은 23%였다.

1910년부터 1930년 사이에 콜롬비아 경제, 사회 및 정치상황에 획기적인 변화가 발생했다. 미국이 모든 분야에서 콜롬비아의 제1의 협력파트너로 대두된 것이다. 제1차 세계대전으로 유럽이 전화에 휩싸임에 따라 유럽시장이 막히면서 미국시장이 활성화되었다. 콜롬비아의 대외관계와 교역은 모두 미국을 향했다. 미국에 의해서 1903년 파나마가 콜롬비아에서 분리되어 독립했고 파나마운하도 1916년에 개통되었다. 미국은 콜롬비아 커피의 최대수입시장이 되었다. 파나마운하가 개통되자 콜롬비아로서는 태평양을 통한 수출도 가능해졌다. 부에나벤투라(Buenaventura) 항구의 역할이 중요해졌고 칼리(Cali) 시가 커피수출의 전진기지가 되었다. 칼리 시 인근의 칼다스, 바예데 카우카 및 안티오키아 남부의 커피경작자들에게는, 보다 가깝고 비용이 적게 드는 수출 루트가 생긴 것이다.

1906년 브라질은 국제 커피가격을 유지 또는 인상시키고 국제커피시장을 통제하기 위해 '커피 방어 정책'을 채택했다. 커피유통기업들과 협정을 체결함과 아울러, 잉여커피를 저장하고 수출량을 조정하려고 했다. 그 와중에 콜롬비아는 생산량과 수출량을 늘렸다. 콜롬비아의 커피산업은 더욱 공고해졌고 수출도 확대되었다. 콜롬비아 커피산업이 부각된 것은 제1차 세계대전 이후였다. 브라질 정부가 커피가격을 지지하기 위해 외채를 들여와 국내잉여커피를 구입하여 저장하는 등 어려움을 겪는 동안, 콜롬비아는 꾸준히 양질의 커피생산을 늘렸다.

제1차 세계대전 발발 연도인 1914년 미국에서 수입하는 브라질산 커피가 총 수입량의 3/4을 차지했으나 전쟁이 종료된 1919년에는 브라질산 수입비중이 50%를 조금 넘는 수준으로 하락했다. 미국에서 브라질 커피소비가 줄어들자 풍선효과(Balloon Effect)로 콜롬비아와 중미국가 커피의 시장점유율은 점점 높아졌다. 콜롬비아 커피가 유럽에서도 인기를 얻자 콜롬비아의 생산량과 수출량이 꾸준하게 증대되었다.

콜롬비아 막달레나 강은 동부산지와 서부산지 사이를 흐르는 강으로 우일라 주에서 시작되어 11개 주를 통과하면서 1,540킬로미터를 흘러서 카리브해에 다다른다. 이 강은 19세기 중반부터 담배 등 농산물을 대서양까지 실어내는 중요한 운송루트로 사용되었다. 막달레나 강은 여러 커피생산지를 통과하여 흐르기 때문에 커피운송에도 이 강이 중요하게 사용된다. 문제는 내륙의 커피산지로부터 어떻게 막달레나 강까지 커피를 무사하게 운송하느냐다. 주로 노새나 소를 활용하였기 때문에 비용이 많이 들었다. 당시 2만 포대의 커피를 칼다스에서 막달레나 강의 온다(Honda) 항구까지 운반하는 데 8,300마리의 소가 필요했다고 한다.

19세기부터 철도가 부설되기 시작했다. 1927년에 부설된 철도 길이가 2,000킬로미터가 넘었으나 관리 부실과 추가 투자가 없어 대부분

중부산지와 동부산지 사이 계곡을 흐르는 1,500킬로미터의 막달레나강 하구모습

운행이 불가능해졌다. 현재 콜롬비아 내 대부분의 화물운송은 화물트럭들이 담당한다. 그러나 어디를 가든 트럭으로 인하여 교통체증이 심하다. 콜롬비아 중심부에서 대서양 연안까지 화물운송비용이 대서양 연안에서 아시아 지역 항구까지의 화물운송비용보다 더 많이 든다. 대개 험준한 안데스 산지에서 커피가 생산되므로 인프라를 확장하기가 쉽지 않다. 운송수단으로 에어케이블도 사용되었다. 메데진, 보고타, 마니살레스 등에 설치되어 사람도 운반하고 농산물도 운반했다. 특히, 마니살레스와 마리키타를 연결하는 73킬로미터의 케이블이 유명했다. 이 케이블을 통해 하루에 200톤의 커피를 막달레나 강까지 운반했다고 한다. 이 케이블은 철도 부설에 따라 1960년에 폐기되었다.

03
콜롬비아 커피산업 스케치

　커피경작은 많은 콜롬비아 국민들이 오랜 기간 의지해온 생계수단
인 동시에 전통적인 산업이다. 콜롬비아 경제, 수출 및 농업에서 커피
산업이 차지하는 비중도 매우 높다. 게다가 콜롬비아에서 커피는 내전
으로 인하여 거의 '실패국가(failed state)'로까지 실추되었던 국가이미지
를 제고하는 데 큰 역할을 하고 있다. 그래서 콜롬비아에서는 커피를
문화이며 예술인 동시에 생활방식이며 열정이라고 한다. 커피산업에는
콜롬비아 사람들의 영혼이 깃들어있다. 그러한 커피산업을 콜롬비아
커피생산자협회가 지금도 좌지우지하고 있다.
　콜롬비아에서 커피는 초기부터 수출품으로 생산되었다. 커피수출
로 콜롬비아 대외무역수지는 거의 매년 흑자를 기록했다. 1860년대까
지는 커피수출이 콜롬비아 전체 수출의 20% 정도를 점유했다. 1900년
대 초에는 40% 정도로 늘었고, 제1차 세계대전 발발 직전에는 54%까
지 확대되었다. 1929년 대공황 발생 당시에는 69%까지 치솟았다.
1950년대에는 커피의 수출비중이 80.2%까지 치솟았다.

콜롬비아 커피생산자협회(FNC) 건물의 현판

　석유와 석탄이 주요 수출품으로 대두되기 전까지는 커피가 명실상부한 콜롬비아 제1위 수출품이었다. 현재 콜롬비아는 브라질과 베트남 다음으로 제3위 커피생산국이며, 마일드 커피만을 기준으로 보면 제1위 커피생산국이다. 콜롬비아 GDP에서 차지하는 비중도 대단했다. 1950년대 경우 커피산업은 콜롬비아 전체 GDP에서 약 10%를 차지했다. 1990년대에는 각각 4.4%로 낮아졌고 지금은 더욱 감소되었지만 콜롬비아 경제와 사회에서 과거 커피산업의 영화는 사라지지 않고 있다.

　콜롬비아는 연간 60킬로그램들이 포대로 1,200~1,400만 포대를 생산한다. 생산량의 99%가 수출된다. 2021년도 생산 감축에는 2021년 2/4분기에 발생한 시위대의 도로봉쇄와 일부 커피생산지의 기후변화가 영향을 미쳤다. 그런데 2021년 커피가격이 아라비카종의 경우 파운드당 2달러가 넘어 2014년 이후 최고가격을 기록했다. 기후변화로 인해 브라질의 커피생산이 타격을 입었기 때문이다. 옆 나라의 불행이 다른 나라에는 행운을 가져다주는 사례다.

콜롬비아에서 커피분야가 농업에서 차지하는 비중이 1970년대에는 25%였으나 2021년도에는 15% 정도로 많이 축소되었다. 그럼에도 불구하고 현재 콜롬비아 커피산업에 직접 및 간접 고용된 인구가 250만명이나 된다. 콜롬비아에서 커피는 현재 4번째 수출품목이다. 2020년에 콜롬비아는 원유 87억 달러, 석탄 41억 달러, 금 29억 달러, 커피 26억 달러, 절화(꽃) 15억 달러를 수출했다. 참고로 2020년 콜롬비아에 유입된 외국인직접투자(FDI)는 67억 달러, 해외 거주 콜롬비아국민이 보내오는 외화송금액은 69억 달러를 기록했다.

과거 콜롬비아의 주요 커피생산지는 킨디오, 리사랄다 그리고 칼다스 3개 주였고, 따라서 이 3개 주를 중심으로 주변지역을 '에헤 카페테로', 즉 '커피 중심축'이라고 했다. 물론 콜롬비아에 커피가 이전되었던 19세기에는 베네수엘라 국경지역인 산탄데르와 노르테 데 산탄데르 주가 커피 주산지였다. 지금은 사정이 많이 달라졌다. 콜롬비아 남부의 우일라, 톨리마, 카우카 그리고 나리뇨 주가 주요 커피산지로 떠올랐다. 2020년 통계로 이 4개 주가 콜롬비아 커피생산량의 49%를 차지했다. 반면에 과거 커피 주산지였던 킨디오, 리사랄다 및 칼다스 3개 주의 생산량이 13.3%에 그쳤다.

콜롬비아에서 커피 주생산지가 우일라, 나리뇨 등 남쪽 지방으로 옮겨가는 추세다. 이 현상은 수십 년 전부터 계속되어 왔다. 땅값과 인건비 때문이다. 많은 커피경작자들이 중부지방에서 남부로 내려갔다. 반면에, 킨디오 주 등 중부지방 커피경작자들은 다른 곳으로 눈을 돌리고 있다. 커피농장들은 커피재배지를 줄였고 이를 에코투어리즘으로

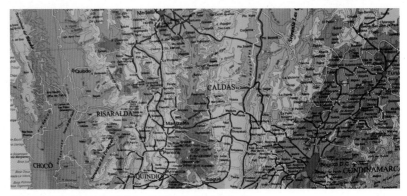
에헤 카페테로의 중심 칼다스, 리사랄다 및 킨디오 주

활용하고 있다. 남부지역의 우일라 주와 나리뇨 주의 커피산업은 지금
도 계속 확대중이다.

따라서 세간에서는 신흥 커피산지 4개주(우일라, 톨리마, 카우카 및
나리뇨)를 '새로운 에헤 카페테로(Nuevo Eje Cafetero)' 또는 '도시 에헤
카페테로(Eje Cafetero de la Ciudad)'로 부르기도 한다. 2020년 도시별
커피생산량 통계에서 우일라 주의 피탈리토(Pitalito)가 부동의 1위다.
우일라 주의 5개 도시, 즉, 피탈리토, 에세베도, 라 플라타, 가르손 그
리고 수아사가 10위 이내에 들었다. 10위 이내 도시에 톨리마 주와 안
티오키아 주가 각각 2개씩, 그리고 카우카 주 1개 도시가 포함되었다.

게이샤 커피로 널리 알려진 파나마에 커피가 전파된 경위는 좀 다
르다. 파나마는 다른 중남미국가들과 마찬가지로 300여 년간 스페인의
식민지로 있다가 1821년 독립을 하였으나, 다시 콜롬비아에 예속되었
고 1903년에야 미국의 지원을 받아 완전히 독립했다. 그런데 커피가
콜롬비아를 통해 전해진 게 아니라 1800년대 후반 유럽인들의 파나마
이민 러시 와중에 전해졌다.

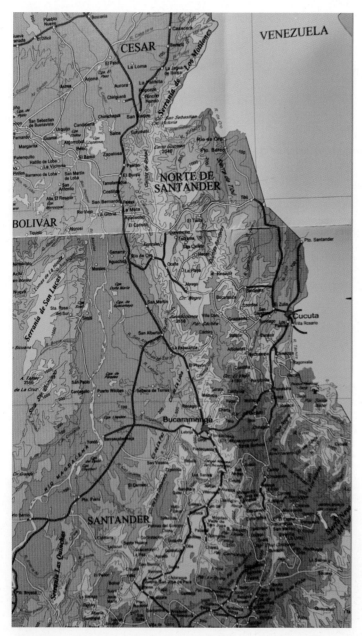

콜롬비아에 커피가 처음 전해진 노르테 데 산탄데르 및 산탄데르 지방

커피가 부의 원천이 되자 커피나무 보유국들이 반출을 엄격하게 통제했다. 예멘은 싹을 틔울 수 없도록 처리된 커피만을 수출하도록 했다. 그럼에도 불구하고 커피나무는 단시간 내 세계 여러 지역으로 퍼져 나갔다. 문익점이 중국에서 목화씨를 붓 뚜껑에 숨겨서 몰래 들여왔듯이, 커피도 비공식적인 방법으로 또는 비밀리에 이전되었다.

커피나무가 이전되고 재배되는 환경이 열악했을 것임에도 불구하고 커피나무가 생존한 데는 식물학적 이유가 있다. 로부스타, 유게니오데스, 리베리카 품종 포함 대부분의 커피과 식물은 다른 나무에서 꽃가루를 받아서 수분을 한다. 즉, 타가수분형 식물이다. 그런데, 아라비카 품종은 타가수분형이면서도 자가수분이 가능한 변종식물이다. 로부스타종과 유게니오데스종이 교배되어 태어난 아라비카종은 자가수분이 가능하도록 형질이 변했다. 아프리카에서 세계로 퍼져나간 커피 품종은 아라비카에 소속된 티피카와 부르봉이었다.

04
콜롬비아 최대 커피산지 우일라

　우일라 주는 콜롬비아 전체 커피생산량의 18.06%를 차지하는 콜롬비아 최대 커피생산지다. 11년 연속 1등을 차지했다. 2020년에는 18.37%였으며 2021년에 약간 축소되었다. 1970년 우일라 주의 커피생산 비중은 4.5% 정도였다. 우일라 주 커피경작자들은 제도적 지원을 통해 계속 혁신을 시도하고 새로운 재배기술을 도입하고 있다. 커피 생산순위는 우일라 주에 뒤이어 안티오키아 15.09%, 톨리마 13.3%, 칼다스가 10.94%로 각각 제2위, 3위, 4위를 차지했다. 커피가격 상승에 따라 우일라 커피농가는 약 2조 5,000억 페소의 수입을 올렸다.

　우일라 주 수도인 네이바 시에 소재한 콜롬비아 커피생산자협회 우일라 주 지부를 방문했다. 한국이 콜롬비아커피를 수입하는 국가라서 그런지 지역협회사람들이 매우 친절하다. 호르헤 엔리케 몬테네그로(Jorge Henrique Montenegro) 지부장은 우일라 주가 콜롬비아 최대 커피생산지임을 자랑스럽게 설명한다. 우일라는 에헤 카페테로의 심장이며 커피를 통해 우일라가 세계와 연결되고 있다고 한다. 자신감과 카리스마가 넘친다.

그는 미국 메이저리그 휴스턴 애스트로스 구단의 베네수엘라 출신 2루수 호세 알투베(Jose Altuve)와 너무도 닮았다. 물론 나이 차이가 있다. 알투베는 20대이고 몬테네그로 지부장은 50대 후반이나 60대 초반이다. 알투베는 164~165센티미터의 키와 75킬로그램의 작은 체구임에도 메이저리그의 1급 투수들의 공을 쉽게 쳐서 담장을 넘긴다. 알투베의 카리스마와 파이팅을 몬테네그로 회장에게서 느꼈다. 몬테네그로 지부장은 콜롬비아 커피산업에 관한 필자의 민감한 서면 질의서에 대해 친절하게 답변서를 보내주었다.

　　우일라 주 인구 115만명 중 33만명이 커피에 의존해 살고 있다. 83,000개의 커피농가가 있다. 가족당 4명의 식구로 계산하면 얼추 맞는 통계다. 커피농가의 96%가 4헥타르 미만의 영세농이라고 한다. 우일라 커피경작면적은 14만 헥타르로 전국 커피경작지의 17%를 차지하며, 이곳에서 250만 포대의 커피를 생산한다. 커피나무의 평균 수령(樹

호르헤 엔리케 몬테네그로 커피생산자협회(FNC) 우일라 주 지부장(가운데)

齡)은 6.89세이며 1헥타르당 22포대의 커피를 생산한다. 2014년에 헥타르당 14포대를 생산했으니 생산성 향상추세가 뚜렷하다.

몬테네그로 회장은 헥타르당 재배하는 커피나무의 숫자를 5,300그루에서 7,000그루로 확대하여 밀집도를 25% 늘렸고, 기존의 커피나무를 커피녹병에 강한 품종으로 바꾸는 데 노력을 기울였다고 한다. 2014년 커피녹병에 내성을 지닌 품종 재배가 54% 정도였으나 2018년에 68%로 확대되었고, 이로 인해 우일라 주가 다른 생산지에 비해 생산성이 높아졌다고 한다. 커피산업은 우일라 주 농업생산의 58%, 우일라 국민총생산(PIB)의 8.8%를 차지하는 경제의 중심축이다.

우일라 주에는 1963년에 설립된 카데피우일라(Cadefihuila)라는 커피조합이 1개 있으며, 50개의 커피구매소와 46개의 농자재 판매소를 운영한다. 이 커피조합은 남부지역의 피탈리토(Pitalito)와 서부지역의 라플라타(La Plata)에 지역사무소를 두고 있다. 우일라 주는 안데스 산맥의 중앙산지와 동부산지의 중간에 위치해 있으며, 산지에 발달한 소기후(microclima)를 활용하여 스페셜티 커피재배를 장려하고 있다. 커피경작자들은 재배, 수확, 수확 후 관리에 새로운 기술을 도입하여 커피의 질을 향상시켜왔다. 주정부는 다양한 커피경진대회를 개최하여 경쟁분위기를 제고하는 동시에 인센티브도 제공한다.

들쭉날쭉한 콜롬비아 커피 생산량과 생산성

콜롬비아는 2022년 현재 브라질 및 베트남에 이어 세계 제3위 커피생산국이다. 콜롬비아는 1950년대부터 1976년까지는 5~8백만 포대를 생산했으며 1977년부터는 1천만 포대 이상을 생산했다. 다만, 1999년과 2009~2012년에는 일시적으로 1천만 포대 이하로 생산량이 감축되었다. 최고 생산량을 기록한 해는 1991년과 1992년으로 1,600만 포대를 넘었다. 2014년부터 2021년까지는 1,200~1,400만 포대 수준을 기록하고 있다. 연간 생산량뿐만 아니라 생산성도 들쭉날쭉했다. 1헥타르당 커피생산량은 1990년에는 14.4포대였으나 2011년에는 8.5포대였다. 앞에서 얘기했듯이 1포대는 60킬로그램이다. 생산량과 생산성이 감소되거나 가변적인 이유는 여러 가지가 있다.

첫째, 기후요인이다. 세계가 기후변화로 몸살을 앓고 있다. 기후변화는 특히 개도국과 가난한 사람들에게 피해를 준다. 기후변화로 우기가 길어지며 영세 커피농가에 많은 피해가 발생했다. 2022년 초에도 라 니냐 현상이 발생되면서 전년 동기에 비해 커피생산이 감축되었다. 기후변화는 세계 도처에서 목격된다. 우리나라에서 사과생산지가 북상

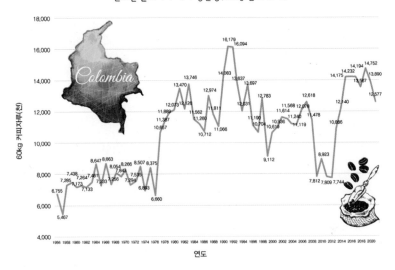

연도별 콜로비아 커피 생산량(60kg 단위 포대)

1956-2020 기간 콜롬비아 커피생산량 그래프

하고, 한반도 주변 해역에 열대 물고기가 출현한다. 아르헨티나의 포도 생산지도 점차 남쪽 파타고니아 지방으로 내려가고 있다. 콜롬비아에서 커피생산지도 2,000미터 고도 이상으로 올라가고 있다.

둘째, 병충해 피해 확대다. 그중에서도 라 로야 곰팡이가 일으키는 커피녹병 피해가 가장 크다. 19세기 후반에 커피녹병은 스리랑카, 인도네시아 일대의 플랜테이션을 궤멸시켰다. 그 이유로 인해 커피산지가 중남미로 이전되었다. 아이러니컬하게도 중남미가 세계 커피산지가 된 것은 커피녹병 덕분이다. 그러나 라 로야 곰팡이는 중남미 지역의 커피 농가들도 가만두지 않았다. 단일작물 재배는 병충해에 취약하다. 인간이 자연의 섭리를 거슬러 한 작물을 밀집 재배한 것이 화근이다.

커피녹병은 전염성이 매우 높아 '커피농가의 구제역'이라고 부른다. 1992년에는 브로카라는 벌레가 6만 헥타르의 콜롬비아 커피경작지에 막대한 피해를 끼쳤다. 따라서 커피생산량이 전년도에 비해 300만 포대나 감축되었다. 이 벌레는 커피열매를 파고들어가 거주하기 때문에 퇴치가 어렵다. 살충제, 제초제 등 농약이 발달되어 병충해를 막기도 하지만, 벌레나 바이러스도 쉽게 내성을 습득하며, 과도한 농약사용은 환경문제를 야기한다.

셋째, 커피나무의 노후화다. 콜롬비아에서는 노후화된 커피나무를 생산성이 높고 병충해에 강한 품종으로 교체하기 위한 작업이 진행되고 있다. 로베르토 벨레스 콜롬비아 커피생산자협회장은 매년 10%의 경작지를 젊은 나무로 교체하겠다고 했다. 커피생산자협회는 커피나무 교체와 더불어 생산성 향상 차원에서 밀집재배를 확대하고 있다. 세니카페는 1헥타르당 최소 6,000그루의 커피나무를 입식할 것을 권고한다.

넷째, 규제의 강화다. 콜롬비아에서는 손으로 수확하고 분류된 엑셀소 커피만 수출이 가능하다. 커피나무 전염병에 대한 검역규제도 강화되고 있다. 양질의 커피를 생산하고 품질을 높이기 위해서는 투자가 필요하다. 좋은 품종의 묘목을 심어야 하고, 좋은 성능을 가진 데스풀파도라나 발효시설을 설치해야 하는데 이 모두가 영세경작자들에게는 큰 부담이다.

다섯째, 농가당 평균 커피경작지가 점점 줄어들어 가족을 부양할 정도의 농가의 소득이 보장되지 않는 것이다. 커피가 중남미에 처음으로 도입되었을 당시에는 대형농장인 라티푼디오(latifundio)가 발달되어 원주민이나 노예들의 노동력을 활용한 대량 재배가 이루어지기도 했다. 그러나 세월이 흐르면서 토지정책의 변화와 더불어 인구가 늘어나고 커피경작지가 다수의 자녀에게 대물림되면서 농가별 경작면적이 계속 줄어들었다. 커피생산 초기에 콜롬비아에도 대형 커피농장이 없었던 것은 아니나 소형농장(minifundio)이 커피생산에 중심역할을 하였다.

여섯째, 농촌인구의 노령화와 노동력 부족현상이다. 커피농가들이 가족을 부양할 만한 소득을 확보하지 못하자 젊은이들이 농촌을 이탈했다. 남아있는 커피경작자들이 노령화되면서 노동력 부족이 더욱 심화되었다. 이는 산업화과정에서 발생되는 공통현상이기도 하다. 코스타리카에서는 노동력 부족을 해결하기 위해 커피 수확철이 되면 니카라과 계절노동자들을 받아들인다.

미국도 마찬가지다. 필자가 멕시코에서 영사로 근무하던 1990년대 초에 미국과 멕시코의 국경지대를 여러 곳 방문한 적이 있다. 어느 지역이든 국경에 설치된 철망에 군데군데 구멍이 뚫려있는 것을 본다. 당시만 해도 국경통제가 엄격하지 않았다. 불법이민자들이 저녁 해거름에 모여서 한꺼번에 국경을 뛰어 넘어갔다. 그중 5~10%만 체포되며 이들은 미국 국경수용소에 며칠 수감되었다가 추방되며, 그들은 다음 날 다시 월경을 시도한다. 미국은 남부 농업지역에서 추수철이 다가오면 중남미 불법이민자들 단속을 의도적으로 느슨하게 한다. 그들이 없으면 추수가 불가능하기 때문이다.

여섯째로 낮은 커피가격과 커피가격의 부침이다. 커피가격이 낮다 보니 커피농사를 포기하는 농가가 증가하고 있다. 생산량과 소비량의 변화에 따라 그리고 커피메이저들의 농간에 따라 가격의 등락이 심하다. 세계 어느 커피생산국에서 역병이 발생하거나 가뭄 또는 폭우가 발생하면 당장 커피가격이 요동친다. 따라서 영세커피농가의 소득이 불안정하다. 그러다 보니 콜롬비아에서는 커피농가들이 커피대신에 마약작물인 코카를 재배한다. 마피아나 반정부무장단체가 커피경작자들에게 코카재배를 강요하기도 한다.

코카나무는 1년에 4회 이상 수확이 가능하고 얼마든지 코카 잎 수요가 있으며, 커피에 비해 훨씬 고가에 팔리기 때문에 고소득이 보장된다. 정부가 카카오, 바나나 등 대체작물 재배를 권고하고 보조금도 지급하지만 가난한 농민들이 코카재배의 유혹을 떨치기가 쉽지 않다.

1962년 국제커피협정(ICA)이 체결되고 국제커피기구(ICO)가 설립되었다. 이 기구에 커피생산국과 소비국이 참여했으며, 수출국에는 할당량이 정해졌고 수입국들은 국제커피기구 회원인 생산국들로부터만 커피를 수입하도록 했다. 일본은 '신시장국'이라는 소비국 카테고리로 1964년에 참여했다. 이 체제하에서 미국의 우방국인 콜롬비아는 브라질에 이어 주요 커피생산국으로 부상했다.

그러나 생산국과 소비국간의 갈등, 수출쿼터 이상의 잉여분 커피의 처리 문제로 1989년 이 시스템이 파기되면서 커피산업에 자유경쟁체제가 들어섰다. 따라서 커피생산국들은 각자 자국 커피산업에 대한 보호를 강화하게 되었으며 경쟁이 치열해졌다. 세계 최대 커피생산국인 브라질은 기계화를 통해 대량생산을 하면서 경쟁력을 키웠다. 밀집재배, 비료사용 확대, 관개시스템 도입 등으로 1헥타르당 생산량을 9~10포대에서 17~18포대로 증가시켰다. 생산량이 확대되었음은 물론이다.

브라질에서는 중대형 농장이 커피생산의 70%를 점유하며 작은 농장이 30%를 생산한다. 그런데 브라질에서는 20헥타르 미만의 경작지를 보유한 농장을 작은 농장이라고 한다. 4헥타르 미만의 커피농이 대부분인 콜롬비아와는 커피재배환경이 매우 다르다.

베트남은 1989년에 경제개방정책을 시작하면서, 가격통제를 폐지하고 변동환율제를 채택했으며 농업의 자유화(descolectivización)를 실시했다. 자국경제를 국제경제시스템에 통합시키면서 외국인 투자를 받아들이기 시작했다. 그러자 경제가 매년 7~8%씩 성장하게 되었고 수출도 매년 25% 이상씩 늘어났다. 투자여력이 생기자 커피생산도 확대되었다. 정부는 농민들과 장기 토지임대계약을 체결하였고, 농민들은 1~2헥타르에서 노동집약적인 생산을 했다. 관개시설 등 인프라도 개선되었고 정부는 커피경작자들에게 보조금도 지급했다.

저임금과 환율인상도 커피생산 증대에 우호적으로 작용했다. 1990년대 초 1백만 포대였던 커피 생산량이 1,300만 포대로 폭발적으로 늘어났다. 세계 주요 커피기업들이 혼합커피 생산을 위해 로부스타 커피 수입을 증대하자, 베트남이 생산하는 로부스타에 대한 수요가 증가했다. 브라질의 약진과 베트남의 등장으로 콜롬비아 커피산업의 경쟁력이 약화되자 콜롬비아 일각에서는 경쟁력 강화를 위해 로부스타를 재배해야 한다는 주장이 나왔고, 지금도 그러한 주장을 하는 사람들이 있다. 그러나 콜롬비아 커피산업의 최대 터줏대감인 커피생산자협회는 꿈쩍하지 않고 있다. 로부스타의 도입이 콜롬비아 커피의 퀄리티 저하를 초래한다는 주장이다.

커피에 관한 인문학적 관찰

01
아라비카와 로부스타

커피는 열대식물이라 추위에 약하다. 따라서 커피벨트라고 불리는 북위 23.5도와 남위 23.5도 사이, 즉 북회귀선과 남회귀선 사이에서 재배된다. 커피나무가 속한 꼭두서니과 코페아족에는 125개 식물종이 포함되어 있으며, 아라비카와 로부스타 그리고 리베리카(Liberica) 종을 커피의 3원종으로 부른다. 엑셀사(Excelsa) 품종까지 포함하여 4개를 주요 품종으로 분류하기도 한다. 그중 아라비카와 로부스타가 단연 지배적이다.

세계 커피생산량에서 차지하는 비중도 아라비카가 60~70%이고 로부스타가 30~40%이다. 국제커피기구는 커피생두를 크게 4개 그룹으로 나누어 각종 통계를 낸다. 크게 아라비카와 로부스타로 나누고, 아라비카는 다시 3개로 세분하여 콜롬비아 마일드, 기타지역 마일드 그리고 브라질의 내추럴(natural)로 나눈다. 아라비카 3개 그룹 가운데 콜롬비아 마일드가 가장 가격이 비싸고 그 다음에 기타지역 마일드와 브라질 내추럴 순이다. 여기서 내추럴은 커피체리의 과육을 벗기지 않고 건조시키는 가공방식으로 생산된 생두를 의미한다.

콜롬비아에서는 아라비카 종만 재배된다. 콜롬비아 국립농업과학기술연구소인 아그로사비아(Agrosavia) 등 일부에서 콜롬비아에서도 로부스타 재배가 필요하다는 의견을 제시했다. 브라질의 아라비카−로부스타 혼합경작 성공사례, 로부스타의 높은 생산성과 경제성, 생산의 다양성 등을 이유로 내세웠다. 그러나 전통적으로 아라비카를 재배해온 커피농가와 지방 커피조합들은 로부스타 재배에 강력하게 반대한다.

그들은 콜롬비아 땅에서 로부스타 재배를 얘기조차 하지 말라고 한다. 콜롬비아 커피생산자협회도 로부스타를 재배하지 않는다는 입장을 고수하고 있다. 지금까지 콜롬비아는 고급커피를 생산한다는 이미지를 구축해왔고 그러한 이미지를 계속 유지하는 게 자국 커피산업과 경제에 유리하다고 판단하기 때문이다. 콜롬비아에서 농업연구소 차원의 실험적 재배는 가능하겠지만 브라질과 같은 아라비카−로부스타 혼합재배는 아직 요원하다.

열매가 많이 달리고 기계수확이 가능한 로부스타 커피나무

콜롬비아 국토의 1/3은 안데스 산지, 1/3은 동부평원지대(Llano Oriental) 그리고 나머지 1/3이 아마존 및 태평양 연안 정글지대다. 국토가 북위 4~12도 대에 걸쳐있어 위도상으로 보면 북반구의 열대지방이지만 고도가 4~5천미터까지 높은 안데스 장년기 산지를 보유하고 있어 기후대가 다양하다. 이에 따라 식물군과 동물군이 다양하게 분포되어 있어 콜롬비아는 브라질에 이어 세계 생명다양성 2위 국가다.

콜롬비아 국화(國花)인 난초만 해도 4천종이 넘는다. 유전자 자원이 무궁무진하다. 아마존 정글에 어떤 자원이 얼마나 존재하는지 아무도 모른다. 생명다양성 분야는 미래의 먹거리이기 때문에 현재 한국과 콜롬비아의 생명공학 관련기관 간 협력이 활발하다. 콜롬비아에서는 훔볼트 연구소가 생명공학 정책과 연구를 리드하고 있으며, 생명다양성을 보존하는 분야와 생명다양성 자원을 개발하는 분야가 균형을 이루고 있다.

생명다양성 협력을 위한 에르난도 가르시아 훔볼트 연구소장과의 대화

주콜롬비아 대한민국대사관

생물다양성 바이오경제
한-콜롬비아
협력 웨비나

개최일시	11.19.(금) 8:00~9:30
공동개최	한국생명공학연구원 / 콜롬비아 훔볼트연구소
참여기관	과학기술정보통신부 콜롬비아 과학기술혁신부 COSMAX NBT, Inc DreemBio Colombia Insect Biotech Co. Ltd
기술지원	스트리밍코리아

ZOOM
한-스페인어
동시통역

2021년 화상으로 개최된 한-콜롬비아 생명다양성 웨비나 포스터

콜롬비아에서 커피는 안데스 산맥 3개 지류 중 중부 및 동부 산지
에서 주로 재배된다. 재배지가 해발 1,300~2,000미터 경사진 곳에 있
어 작업하기가 여간 불편한 게 아니다. 기계사용이 어렵고 경작지 관리
와 수확에 많은 인력이 필요하다. 수자원은 풍부한 편이지만 재배지가
경사져서 건기에는 관개의 문제도 있다.

그래서 나리뇨 주의 오브라헤 농장에서 보았듯이, 경사진 커피경
작지 중간 중간에 여러 개의 인공저수지를 만들어 빗물을 모은다. 커피
농장까지 도로 등 인프라 구축에도 많은 투자가 필요하다. 콜롬비아에
서 커피농장을 방문할 때마다 산중턱을 깎아서 만든 위험한 산길을 올

커피농장 관개를 위해 빗물을 모아놓은 저수지

라갈 수밖에 없다. 위치가 그러하다보니 대규모 농장경영이 기술적으로도 어려운 점이 많으며 커피경작자들 대부분이 4헥타르 미만의 영세농들이다.

아라비카 품종은 에티오피아의 아비시니아 고원이 고향이다. 커피나무의 크기는 4~6미터로 로부스타에 비해 작다. 향기가 나는 흰색 꽃을 피우며 보통 600미터에서 1,200미터 고도의 습한 지역에서 재배된다. 식물학적으로 아라비카 품종은 다시 아라비카와 부르봉으로 나뉘며 아라비카가 지배적이다. 아라비카 품종은 뛰어난 향과 산미로 높은 평가를 받지만 병충해에 취약하고 커피열매 생산량도 로부스타에 비해 적다.

로부스타 원종은 중앙아프리카에서 발견된 품종이다. 아프리카 서해안으로부터 우간다 동쪽 그리고 남수단 지역에서 최대 1,000미터의 높은 고도에서 서식한다. 19세기말 벨기에 에밀 롤랑 교수가 콩고에서 새로운 커피품종을 발견하여 이를 벨기에로 가져왔고, 그 이름을 로부스타로 명명했다. 나중에 이 커피품종이 신품종이 아니라 이미 가봉에서 발견되어 '카네포라(Canephora)'로 명명된 종으로 밝혀졌으며, 따라서 정식학명은 로부스타가 아니라 카네포라로 정해졌다. 프랑스인들은 이 품종을 베트남으로 이식했고 이후에 브라질로 전해졌다. 로부스타는 그 이름(Robust, 스페인어로는 Robusto)의 의미처럼 강하고 건강한 종이다. 따라서 높은 온도 등 어려운 환경에서도 잘 자란다. 특히 커피녹병 등 병충해에도 강하다. 평지에서도 재배되고 열매가 많이 달리며 기계수확도 가능하다. 커피나무의 크기는 9미터까지 자란다. 그러나 뿌리는 땅 깊이 들어가지 않는다. 낮은 지역에서 재배되며 대량생산한다. 나뭇잎은 아라비카보다 크고 매끈하지 않으며 커피열매는 아라비카보다 크다.

로부스타 커피열매는 향이 적으며 아리기도 하고 떫다. 산도가 낮고 장작냄새의 뒷맛이 있다. 로부스타는 아라비카보다 카페인 함유량이 많다. 볶은 커피콩에 함유된 카페인은 아라비카와 로부스타에 각각 1.2%와 2.2%다. 일반적으로 커피콩 한 알 당 5~15밀리그램의 카페인이 함유되어있다. 그리고 볶지 않은 커피생두의 카페인 함유량은 12.6%나 되나 볶은 후에는 카페인 함유량이 1~2%대로 떨어진다고 한다. 로부스타 커피 한잔을 마실 경우 200 밀리그램의 카페인을 마신다. 로부스타는 밀도가 낮아 로스팅을 하면 빠르게 팽창하며, 로부스타 원두로 에스프레소를 추출하면 초기에 수용성 성분이 빠져나오고 후반으로 갈수록 쓴맛의 성분이 많아진다. 따라서 로부스타는 클린컵(Clean Cup)이 좋지 않고 쓴맛이 강조되어 좋은 평가를 받지 못한다. 클린컵이란 커피 평가기준의 하나로 커핑할 때 부정적인 느낌이 없는, 투명성 또는 투명함을 의미한다. 그래서 로부스타는 스트레이트 커피를 만들기에 합당하지 않다. 스트레이트 커피는 우수한 품질의 원두 한 가지에서만 추출한 커피다. 로부스타는 주로 인스턴트 커피와 저가 커피의 재료로 사용된다.

리베리카종도 로부스타와 같이 중앙아프리카 서부지역이 원산지로 이 두 품종은 조상이 같다. 리베리카 품종은 아라비카보다 풍미가 뒤지고 로부스타보다는 병충해에 약하기 때문에 아라비카나 로부스타에 비해 선호도가 작다. 따라서 현재 아시아와 아프리카 일부지역에서만 재배된다.

아라비카는 생성 연원이 두 품종과는 다르다. 유전자 연구결과에 의하면 아라비카 품종은 탄자니아 서부 고지대에 자생하는 유게니오이데스(Eugenioides) 품종의 커피나무에 로부스타 품종 화분이 수분되어 생겨났다는 게 밝혀졌다. 보통 커피나무의 염색체는 22개인데 아라비카 품종만 44개다. 유게니오이데스와 로부스타 간에 교배가 이루어지면서 염색체가 2배로 된 것으로 추측한다. 로부스타를 재배하는 인도네시아는 로부스타의 풍미를 개선하기 위해서 로부스타와 아라비카 교배를 시도했으나 모두 실패했다. 교배종이 열매를 맺지 못한 것이다. 염색체 수가 각각 22개와 44개라 자녀나무인 교배종의 염색체는 홀수인 33개가 되어 정확한 감수분열이 불가능하기 때문이다. 씨 없는 수박도 이러한 유전원리를 활용하여 생산된다.

그러나 허니 프로세스 등 커피 가공방식과 기계가 발전함에 따라서 좋은 품질의 로부스타 원두가 생산되기도 한다. 앞에서 설명했듯이 허니 프로세스는 커피체리에서 과육을 벗겨낸 후에 이를 발효시키지 않고 그대로 건조시키는 과정이다. 우간다의 로부스타는 품질이 좋기로 소문이 나있다. 베트남이나 인도에서 생산되는 로부스타보다는 향미와 단맛이 좋기 때문이다. 우간다에서는 로부스타가 1년 내내 생산되며 아라비카보다 생산성이 2배나 된다. 사실 로부스타는 다이어트에 효과적인 클로로겐산(Chlorogenic Acid)의 함량이 아라비카보다 2배나 높다. 단백질과 지방도 풍부하다. 신대륙 레드와인 맛으로 굳이 비교하자면 로부스타는 탄닌 성분이 풍부한 말벡(Malbec) 같고 아라비카는 풍미가 미묘하고 복잡한 카베르네 프랑(Cabernet Franc) 같다. 로부스타가 무뚝뚝한 남성이라면 아라비카는 섬세한 여성이다.

02
아라비아 커피 '카와'

　　필자는 국무총리 외교보좌관으로 2년여 근무기간 동안 국무총리의 해외순방을 12회나 기획하고 수행했다. 그때까지 30년이 넘는 외교관 생활을 하면서 중남미와 유럽 그리고 미국에 소재한 공관에서 근무했고, 서울 외교부 본부에서 근무하는 동안에도 수십 차례 해외출장을 다녔지만 중동지역이나 마그레브지역을 방문할 기회가 없었다. 국무총리의 해외순방을 수행하며 처음으로 그 지역의 오만과 쿠웨이트 알제리를 방문하였고 그곳에서 아라비아 커피를 처음 접했다.

　　국무총리 대표단이 공항에 도착하면 방문대상국에서 환영 나온 정부 고위관리들과 귀빈실에서 환담을 나눈다. 아랍국가에서의 귀빈실은 무슬림 특유의 장식과 양탄자가 깔린 호화스런 넓은 방이다. 방문단이 귀빈실 소파에 둘러앉으면 무슬림 터번과 긴 두루마기 모양의 흰색 토브(thawb)를 걸치고 슬리퍼를 신은 웨이터들이 주둥이가 긴 주전자를 가지고 돌면서 종지 모양의 손잡이가 없는 작은 잔에 따뜻한 음료를 서브한다. 다 마시면 어느새 다시 잔을 채워 놓는다. 나중에 보니 공항 귀빈실뿐만 아니라 모든 면담장소에서 같은 음료가 서브되었다. 처음

2018년 7월 국무총리 오만 방문 시 촬영한 이슬람 성전

에는 무엇인지도 모르고 마셨다. 연한 갈색의 한약 맛이 나는 음료가 아라비아 커피 '카와(qahwah)'라는 것, 그리고 커피를 서브하는 작은 종지를 '핀잔(fincan)'이라는 것을 나중에야 알았다.

커피의 명칭이 아라비아어 '카와'에서 비롯되었다고 한다. 이 말이 터키어의 '카베'가 되고 유럽에서 커피(coffee), 카페(cafe) 또는 카페 (kaffee)가 되었다. 커피명칭이 커피 원산지 에티오피아의 카파(kaffa)라 는 지명에서 나왔다는 주장도 있다. 카와 음료는 15세기에 예멘에서 확 산되었다. 당초 카와는 캇(khat)이라는 식물의 잎으로 만든 차 음료였으 나 예멘의 아덴에서 커피로 만든 카와가 시작되었다. 커피와 캇 모두 에티오피아에서 재배되는 식물이지만 카와라는 음료는 예멘 태생이다.

카와에는 두 종류가 있다. 하나는 건조된 커피체리에서 벗겨낸 과

2018년 12월 국무총리 모로코 공식방문 시 대기실에서 음료 제공

육을 끓인 것이고 다른 하나는 말린 커피체리 전체를 끓인 것이다. 첫 번째 음료를 '기실 카와'라고 한다. 기실은 껍질이라는 뜻이다. 다른 하나는 '분 카와'로 분은 커피열매를 뜻한다. 과거에는 커피콩, 즉 커피생두만을 볶아서 만든 커피는 존재하지 않았다. 이후에 '분 카와'가 생두만을 사용하는 현재의 커피로 변모했다. 예멘에는 지금도 기실 카와와 분 카와가 남아 있다. 그러나 분 카와는 커피 생두만을 사용하게 되었고, 기실 카와는 말린 커피과육에다가 카다멈(cardamom, 소두구) 등 향신료와 설탕을 함께 끓이는 것으로 변했다. 기실 카와는 과육을 사용하기 때문에 은근히 달고 여러 향료와 함께 끓이기 때문에 한약과 같다. 필자가 중동국가를 방문하며 마셨던 음료는 기실 카와로 추측된다.

중남미에서도 커피체리의 과육부분을 건조한 '카스카라(cáscara)'가 판매된다. 카스카라는 스페인어로 껍질이라는 뜻이다. 중남미 지역 커피재배지에서 카스카라 차를 흔히 마시는데 특히, 볼리비아에서 널리

카스카라 차를 마신다. 카스카라 차에도 카페인이 포함되어 있으나 커피의 1/4 정도다. 커피와는 전혀 다른 맛이며, 체리향을 지닌 단맛이라 상쾌하다. 커피 카스카라는 워싱턴, 뉴욕, LA 등 미국 대도시에서 판매되며 스타벅스도 카스카라를 사용한 음료를 판매한다.

03
전쟁과 커피

    커피는 전쟁과 인연이 크다. 첫째는 커피가 졸음을 쫓아내는 각성 효과와 더불어 에너지를 충만하게 하는 효능이 있기 때문에 전투를 하는 병사들에게 필수품이었다. 따라서 어느 나라든 커피를 군수품으로 징발하여 병사들에게 우선적으로 지급했다. 커피의 향과 따뜻한 감촉은 병사들의 피로를 경감시키고 스트레스를 완화시킨다. 전투중인 군인들에게 대량으로 커피를 공급해야 하기 때문에 전쟁이 발생하면 민간에서는 커피 품귀 현상이 발생한다. 또한 역사적으로 커피는 전쟁을 통해 여러 지역으로 전파되었다. 이러한 사실은 역사에서 흔히 발견된다.

    커피의 고향인 에티오피아에서는 5천 년 전부터 오로모(Oromo)인들이 전쟁을 나설 때 커피를 휴대했다는 기록이 있다. 그들이 휴대한 커피는 지금과는 전혀 다르다. 그들은 볶은 커피를 분쇄한 가루에다 동물기름을 섞어 둥근 반죽으로 만들었다. 카페인 성분이 포함되었으니 병사들이 에너지 충만하여 전투에 임했을 것이고 동물성 기름도 높은 칼로리 식품인 만큼, 고된 전투에 도움이 되었을 것이다.

    1683년 오스만 터키가 유럽을 침략했다. 그들은 비엔나 외곽을 둘러싸고 장기전을 폈다. 2개월간 터키군에 의해 포위된 오스트리아 군대는 외곽의 동맹국들에게 지원을 요청해야 했다. 따라서 터키지역에서 거주한 적이 있었던 콜시츠키(Kolschitzky)를 터키군복을 입혀 전령으로 보냈다. 콜시츠키가 임무를 성공적으로 수행했다. 그 결과 폴란드 등 동맹군이 오스트리아군을 지원했고 칼헨부르크 언덕에서 터키군대를 물리쳤다. 터키군은 달아나기에 바빠서 가축들과 곡물자루를 두고 떠났다. 오스트리아가 획득한 전리품에 500포대의 커피도 포함되어 있었다. 당시에 커피가 무엇인지 몰랐던 오스트리아 병사들은 이를 태워버리려고 했다. 터키인들이 마시던 커피를 잘 알았던 콜시츠키는 그 커피를 자기에게 달라고 했다. 그는 이 커피를 받아서 비엔나에 '파란병 커피집(Hof zur Blauen Flasche)'이라는 카페를 열었다. 그는 터키복장을 입고 카페를 운영했다고 한다. 파란병을 영어로 말하면 블루보틀(Blue Bottle)이다. 여행하다 보면 콜시츠키 카페였던 블루보틀이라는 이름의 카페를 만난다. 그런데 콜시츠키가 왜 카페 이름을 파란병이라고 했을까? 터키군이 도망갈 때 버렸던 커피가 파란색 마대자루에 담겼었다고 한다. 파란 마대자루가 바로 파란병이 되었다는 것이다. 그런데 어떻게 파란자루가 파란병으로 변모되었는지는 설명할 수 없다. 누군가는 보틀이 병이라는 의미와 더불어 물건을 담는 용기라는 뜻도 있다고 하면서 파란병은 곧 파란자루라고 설명했다. 좀 억지 같지만 진실을 모르니 그러려니 할 수밖에 없다.

폴란드–우크라이나 국경 마을에서 태어난 콜시츠키는 루마니아어, 터키어 및 헝가리어를 배웠기 때문에 비엔나 동방무역회사와 이스탄불 대사관에서 터키어 통역사로 일을 할 수 있었다. 2002년 미국 캘리포니아 오클랜드에서 블루보틀(Blue Bottle) 회사를 설립한 제임스 프

오스만(오토만) 제국의 영토

리먼은 회사의 이름을, 3세기 이전 콜시츠키의 커피점 '파란병 커피집'에서 차용했다. 오스만 제국은 팽창정책을 통해 유럽동남부, 서아시아, 북아프리카 등 3개 대륙을 점령했으며, 커피를 무슬림 세계에서 외부로 전파했다. 나폴레옹도 1804년 황제가 된 후 기독교국가로는 처음으로 커피를 군대보급품으로 지급했다.

　미국 남북전쟁(1861–1865) 당시 북군은 남부지역 항구를 봉쇄했고, 남군에 커피가 배급되지 못하도록 했다. 전쟁발발 전에는 커피가격이 하락하여 브라질의 커피생산자들이 울상이었다. 전쟁이 발발하자 커피 1파운드 당 가격이 14센트로 상승했고 그 이듬해는 32센트로 올라갔으며 최고가격이 42센트를 찍었다. 전쟁이 종료되면서 다시 18센트로 하락했다. 최대 구매자는 북군이었다. 1864년에 북군이 구매한 생두의 양이 4천만 파운드에 달했다. 북군 병사들에게는 하루당 0.1파운드의 생두가 배급되었으며 이를 연간으로 환산하면 무려 36파운드, 즉, 약 16킬로그램에 해당하는 양이었다. 전쟁은 무기와 더불어 커피의 붐도 가져온다.

　북군 병사들은 한밤중에 행군 명령이 떨어지거나, 불침번을 나갈 때 그리고 불침번을 마치고 막사로 들어올 때 커피를 마셨다. 커피가 남북전쟁의 승패를 갈랐다는 견해도 있다. 북군 병사들은 커피를 마셔 각성상태가 최고조에 이르렀을 때 공격을 개시했다고 한다. 커피가루는 금방 산패되기 때문에 병사들은 생두를 가지고 다니면서 필요할 때마다 갈아서 사용했다. 따라서 군대의 취사병은 늘 그라인더를 휴대하고 전장을 이동했다. 남북전쟁은 병사들에게 평생 커피 맛을 잊지 못하게 만들었다. 전쟁은 일반 시민들에게도 커피수요를 확대하는 계기가 되었다.

1914년 제1차 세계대전이 발발하자 커피의 수출입이 정지되었다. 당시 커피생두를 들여오던 유럽의 항구에 선박의 출입이 막혔기 때문이다. 병사들의 커피요구가 빗발쳤다. 전쟁 전에 양질의 커피를 마시던 독일에서 커피부족이 심했다. 영국이 북해의 제해권을 잡았기 때문이다. 수출길이 막히자 중미지역 커피생산국의 손해가 컸다. 돌파구가 미국에 의해서 열렸다. 그 당시만 해도 미국은 가격이 싼 브라질 커피를 주로 수입했으나, 중미산 고급커피 가격이 하락하자 브라질산 커피를 중미산으로 대체했다. 한편, 인스턴트커피가 1917년 유럽에 파견된 미군의 보급품으로 제공되었다. 전쟁이 끝날 때까지 인스턴트 커피산업은 번창을 거듭했다.

히틀러는 1938년에 전쟁을 준비하면서 커피수입을 제한함과 동시에 커피광고도 중지시켰다. 이에 따라 이듬해 독일의 커피수입량이 40%나 감소되었다. 그 와중에 히틀러의 나치당은 커피를 군수품으로 사용하기 위해 국가전역의 커피재고분을 몰수했다. 1939년 9월 폴란드를 전격 침공함으로써 제2차 세계대전이 발발했다. 독일의 잠수함들이 대서양에 출몰함에 따라 커피를 적재한 브라질의 증기선이 미국으로 항해하기가 매우 위험해졌다. 미국이 전쟁에 참여하면서 미군은 매월 14만 포대의 커피를 징발했다. 이는 병사 1인당 연간 15킬로그램에 해당하는 양이었다. 중남미에서는 미국에 충분히 공급할 만한 커피원두를 생산했지만 운송수단이 부족했다. 왜냐하면 많은 선박들이 전쟁에 동원되었기 때문이다. 미국선박에 대한 독일 잠수함들의 위협도 점점 높아졌다.

커피가 군수품으로 공급되자 민간인들에게는 배급제가 시행되었다. 프랭클린 루스벨트 대통령까지 나서서 국민들에게 커피를 한 번 더 우려 마시라고 권고했다. 군에서는 비상용 야외전투식량으로 알루미늄 포일에 포장된 인스턴트 커피를 제공했다. 1944년 무렵 네슬레, 조지 워싱턴 사, 맥스웰하우스 등에서 생산하는 인스턴트커피는 모두 군대에 징발되었다. 미국은 제2차 세계대전 기간 중 40억 달러 이상의 커피생두를 수입했다. 전쟁 종료 후 미국인들의 1인당 연간 커피소비량은 9킬로그램까지 늘어났으며 이는 1900년대에 비해 2배가 넘는 소비량이다.

04
커피와 와인의 동행

　　18세기 전반기 프랑스 외교장관을 지낸 탈레랑(Talleyrand)은 커피에 대해, "진한 향기는 와인보다도 달콤하고 부드러운 맛은 키스보다도 황홀하며, 악마처럼 검고, 천사같이 순수하며 사랑처럼 달콤하다"고 했다. 터키에서는 커피를 두고 "지옥처럼 검고, 죽음처럼 강렬하며, 사랑처럼 달콤해야 한다"고 했다. 헝가리에도 "좋은 커피는 악마처럼 검어야 하고 지옥처럼 뜨거워야 하며, 키스처럼 달콤해야 한다"는 말이 있다. 커피에 대한 최대의 찬사들이다.

　　커피에 관한 글을 읽을 때면 와인과 비교하여 설명하는 부분들이 많이 나온다. 반대로 와인에 관한 글에서는 와인을 커피와 비교하는 경우는 거의 발견한지 못한다. 커피와 와인은 보통사람들의 삶을 우아하게 업그레이드하면서 잔잔하고 소소한 기쁨을 주는 식품들이다. 사람 사이를 사람답게 엮는 윤활유이며 소통의 도구이기도 하다. 둘 사이에는 정말 유사한 점도 많고 다른 점도 많다는 생각이 든다.

　　어느 국가에서든 사람들이 커피를 마시기 시작하면 그 소비량은 좀처럼 줄어들지 않는다. 와인처럼 다양한 향미를 뿜어내는 커피의 맛으로부터 쉽게 벗어나기가 쉽지 않다. 와인애호가와 커피애호가는 공통점이 많다. 그들은 자연이 만들어내는 향미로부터 행복을 찾으며, 여러 종류의 커피나 와인을 비교하며 자기들이 선호하는 맛을 고른다. 이들은 다양한 풍미를 만들어 내는 커피나무나 포도나무의 재배 환경이나 품종에 호기심을 가지며 탁월한 풍미를 제조한 장인들을 존경하며 칭송한다. 또한 그들은 건강을 중시하여 좋은 상품을 찾으며 품질에 맞는 값을 기꺼이 치른다.

서로 다른 점에 초점을 맞추어 보자. 필자는 커피 재배지에서는 포도를 재배할 수 없다는 얘기를 들으면서 왜 그럴까 하는 호기심을 가졌다. 커피에 관한 자료를 읽고 글을 쓰면서 금방 호기심이 풀렸다. 첫째, 재배지 기후다. 기본적으로 커피는 습한 지역에서 자라는 반면, 포도나무는 건조한 지역에서 재배된다. 필자는 아르헨티나에 두 번에 걸쳐 6년여 근무하면서 멘도사, 산후안, 네우켄, 리오하, 리오네그로 등 안데스 산지의 와이너리와 포도밭을 수차례 방문했다. 안데스 동쪽사면은 늘 건조하다. 태평양에서 불어오는 습기 있는 바람은 높은 안데스 산맥에 부딪혀 비를 쏟아버리고 건조한 공기가 산맥을 넘어오는 터에 아르헨티나 지역의 안데스 산지는 늘 건조하다.

물이 매우 귀하며 듬성듬성 발견되는 나무들은 진한 초록색을 발하지 못한다. 나뭇잎들이 초록색이기는 하나 열대지방에서 보는 건강한 초록색은 아니다. 안데스 산지는 황량한 사막에 가깝다. 중미지역이나 콜롬비아의 커피경작지는 아르헨티나의 포도밭에 비해 기온이 높고 습하다. 재배지가 남북회선 사이에 위치해 있고 그 중간을 적도선이 지나기 때문이다. 아라비카 품종은 산지에서 재배되기 때문에 재배지가 그리 덥지 않다. 산지의 영향으로 기후가 일정하지 않고 수시로 변한

북위 25도와 남위 25도 사이에 걸친 커피재배 벨트

다. 앞에서 보았듯이 이를 소기후(microclima)라고 한다.

두 번째, 일조량이다. 포도나무는 일조량이 길어야 당분을 많이 축적하고 좋은 품질의 와인을 생산할 수 있다. 일교차가 커야 포도가 실하게 영글고 당분도 많아진다. 안데스 산지에서는 낮에 섭씨 40도까지 올라가다가 밤에는 기온이 급격히 내려간다. 영하로 떨어지는 때도 있다. 커피나무도 햇볕을 필요로 하나 포도나무처럼 일조량이 너무 많으면 좋지 않다. 포도나무 재배지에서처럼 온도가 너무 떨어져도 안 된다. 품종에 따라 차이가 있지만 커피나무는 오히려 적절한 그늘이 필요하다. 따라서 커피나무 사이에 그림자나무를 심는다. 특히, 묘목이나 수령이 어린 나무일 경우에는 그늘이 꼭 필요하다.

나무그늘은 경작지 표면의 유기물질과 수분을 잘 유지시켜 주고 부식토에서 유기영양물질이 생성되도록 도와준다. 경사지에서 토양이 씻겨 내려가는 것도 막는다. 강력한 햇볕은 커피나무 잎을 마르게도 하고, 성장을 빠르게 하여 나무의 수명을 단축시킨다. 커피열매의 맛을 훼손시킬 수도 있다. 그림자나무로 보통 구아모나 바나나 나무를 심는다.

커피의 그늘 재배는 새들을 불러 모은다. 즉, 버드 프렌들리(bird

friendly)경작이다. 바나나 나무는 그늘과 더불어 열매도 제공하므로 일석이조다. 한때 그늘재배가 반드시 필요하지 않다는 견해가 있었다. 부르봉이나 티피카 품종은 그늘재배가 필요하나, 카투라, 카투아니, 카티모르 같은 품종을 재배하게 되면 햇볕에 노출되어도 된다는 것이었다. 1990년 무렵에 콜롬비아와 코스타리카에서는 많은 커피농가들이 커피나무를 빽빽하게 심고 햇볕에 노출시켰다. 그 시도는 기대와 어긋나게 실패했다.

셋째, 토양이다. 포도나무는 모래가 섞이고 배수가 잘되는 척박한 토양에서 잘 자라는 반면, 커피나무는 부식질이 많으면서도 푸석푸석한 토양에서 재배된다. 커피나무나 포도나무에는 모두 배수가 중요하다. 커피나무는 지표층으로 낮게 뿌리가 퍼져 양분과 물을 흡수하기 때문에 부식질이 두꺼운 곳이 좋다. 커피나무를 지탱해주는 중심뿌리는

커피농장에서 그림자 나무로 심은 바나나 나무

50센티미터 깊이까지 뻗어 내려가지만 곁뿌리나 미세뿌리의 90% 정도는 30센티미터 이내에 묻혀있다. 포도나무 뿌리는 커피나무보다 더 깊이 내려간다. 중심뿌리는 1미터까지 내려가며 뿌리의 60% 정도는 60센티미터 이내에 있다. 넷째, 커피나무는 중간 높이의 상록관목(灌木)으로 사시사철 푸른 나뭇잎을 유지하는 반면, 포도나무는 활엽덩굴성 나무로 가을이 되면 잎을 떨군다.

다섯째, 커피에 카페인이 있다면 와인에는 탄닌(tannin)이 있다. 두 성분 모두 없어서는 안 되는 천연 화학물질이다. 탄닌은 와인의 바디를 형성하는 핵심물질이다. 따라서 포도열매의 탄닌성분이 부족할 경우 케브라초(Quebracho) 나무나 아카시아 나무 등에서 추출한 자연산 탄닌가루를 와인에 희석하기도 한다. 와인을 발효시키는 오크통에서도 탄닌이 빠져나온다. 커피의 카페인 성분은 각성효과가 있어 우리 몸을 깨우는 효과가 있다. 그러나 중독성이 있어서 과다 섭취하면 건강을 해친다. 과유불급(過猶不及)이다.

서양에서 부자들의 가장 고급취미는 좋은 품종의 종마를 구입하고 기르는 것이다. 비싼 종마 몇 마리는 가지고 있어야 부자축에 낄 수 있고 적어도 어느 정도 말에 대한 지식이 있어야 그들의 대화에 참여할 수 있다. 또한 부자들은 좋은 지역에 와이너리를 갖는 로망을 갖고 있다. 아르헨티나 멘도사 지방에는 늘 미국의 어느 배우나 스포츠선수가 어느 와이너리를 구입했다는 얘기가 돈다. 미국에 거주하는 한국 부자 교포가 와이너리를 구입했다는 얘기도 있다. 필자가 다녀본 아르헨티나의 와이너리의 메인건물은 가장 전망이 좋은 곳에 자리잡고 있다. 그곳에는 고급식당이 딸려있다. 와이너리 주인들은 넓은 포도밭을 소유하고 있고 그곳에서 재배된 포도를 직접 수확하여 와인을 제조한다. 포

아르헨티나 안데스 지방의 전형적인 포도밭

도재배와 와인제조 공정이 한 곳에서 이루어진다.

그런데 부자들이 커피농장을 갖는 게 로망이라는 얘기는 들어본 적이 없다. 식민지 시대에는 지주들이 수백 헥타르 규모의 커피농장을 운영했지만 지금은 상황이 많이 다르다. 콜롬비아에서 생산되는 대부분의 커피는 4헥타르 미만의 영세한 농장에서 재배된다. 커피수확도 가난한 임금노동자들의 몫이다. 와인에 비해 커피는 생산과 가공 그리고 유통과정이 복잡하다. 도심의 카페에서 팔리는 커피음료 가격 중 생산자에게 돌아가는 몫은 1% 미만이다.

와인이나 커피 모두 우리의 삶에 활력을 주고 소통에 매개체가 되는 음료이지만 잠깐이라도 조금 더 깊게 들여다보면, 두 물품은 소비자만 동일하지 생산자나 중간 가공 및 유통 과정은 달라도 너무 다르다. 아르헨티나에서의 와이너리는 부의 상징이지만 콜롬비아에서의 커피농장은 가난한 농민들의 생존수단이다.

05
소금과 같은 카페인

아담과 이브가 먹었다는 선악과가 사과가 아니라 커피열매라는 이야기가 있다. 보통 선악과를 사과로 아는데, 구약성경의 창세기에는 사과라는 표현이 없다는 것이다. 확인해 보니 정말 그렇다. 창세기 2장 9절에 "동산 가운데 생명나무와 선악을 알게 하는 나무가 있다"고 하였고, 2장 17절에 "선악을 알게 하는 나무의 열매는 먹지 말라. 네가 먹는 날에는 반드시 죽으리라" 하였다. 3장 5절에는 뱀이 이브를 유혹하는 말이 나오는데, "너희가 그것을 먹는 날에는 너희 눈이 밝아져 하나님과 같이 되어 선악을 알 줄 하나님이 아심이라"라고 했다.

선악과가 사과라고 한 것은 영국의 시인 존 밀턴이었다. 그는 1667년 서사시 실낙원에서 이브가 먹었던 과일이 사과라고 표현했다. 구약성경이 쓰인지 3천년이나 지난 시점이었다. 호모사피엔스는 20만년 전 지금의 에티오피아 지역에 살았고, 커피나무는 인류가 지구상에 나타나기 이전에 이미 존재했다. 에덴동산이 지금의 에티오피아 지역으로 추정된다. 에티오피아에서 커피나무가 자라고 있었고 커피는 카페인(caffeine)으로 인한 각성효과를 갖고 있다. 이러한 사실들을 서로 연결하고 유추해보면 선악과가 혹시 커피가 아닐까 하는 생각도 들 만하다.

　역사를 돌아보면 커피는 문화에 따라 다양한 목적으로 사용되었고 커피에 대한 인식에 차이가 있었다. 커피의 고향이라고 할 수 있는 에티오피아에서는 커피나무 잎과 커피콩을 음료로 사용하고 약으로도 사용했다. 그들은 말린 커피체리 과육을 동물성 기름에 볶아먹기도 했다. 새로운 곳으로 이주할 때 정화의식을 행하였는데 그 의식의 하나로 사람들의 몸에 커피를 문질렀다고 한다. 콜롬비아 아마존 정글 속에서는 원주민 주술사들이 코카 잎이나 야혜(yagé)를 사용하여 악귀를 쫓아내고 병을 고친다. 에티오피아에서의 정화의식과 다를 바 없다. 카페인이나 코카인 같은 향정신성 알칼로이드를 함유한 식물들은 대부분 열대지방에서 자란다. 에티오피아 부족들은 아이가 태어났을 때 커피를 입에 머금고 사방의 벽에 뿌렸다. 아이를 출산했을 때 대문에 새끼줄을 치고 고추와 숯을 꿰어 매다는 우리나라 전통풍습과 유사하다. 청혼할 때 커피가 선물로도 사용되었다고 한다. 카페인의 각성작용과 피로를 덜어주는 효능 때문이었을 것이다.

　무슬림들은 밤새 코란을 외우기 위해 커피를 마셨다. 그들에게 커피는 신의 음료로 여겨졌다. 이슬람 창시자 마호메트가 커피 애호가였다고 하니 그럴 만도 하다. 반면에 유럽 사람들은 커피를 건강식품으로 생각했다. 교황 클레멘스 8세는 커피에 세례를 주어 기독교 세계에서 커피음용을 인정했다. 터키에는 "커피 한 잔의 추억은 40년 동안 잊히지 않는다"라는 속담이 있다. 소통의 도구로서의 커피를 강조한 것이다.

　무슬림 세계에서 커피음용을 반대하고 비판하는 움직임이 있었다. 정통파 학자들이 카페와 커피음용을 비판했다. 위정자들은 그들의 의견을 수용하여 카페 폐쇄령과 커피 금지령을 발하기도 했다. 전통을 중시하는 수니파 학자들은 카페를 관행으로부터의 일탈로 규정했다. 이슬람교에서는 코란과 예언자 무하마드 언행록에 근거하여 사물의 옳고 그름을 판단하는 게 기본인데 커피나 카페는 그러한 기본에서 벗어난다는 것이었다. 따지고 들어가면 그러한 소동은 커피에 함유된 카페인에서 비롯된 것이다. 이스탄불에서는 금지령을 2회 위반할 경우 마대자루에 넣어 바다에 버리기까지 했다. 이러한 금지령은 종교적 관점에서 취해진 조치이기도 하지만, 위정자들은 카페가 불순분자들의 온상으로 생각했고, 정치적 시각에서 커피음용을 규제한 것이다.

유럽에서도 여러 사람이 모이는 카페 또는 커피하우스가 만들어졌다. 17세기에 영국, 프랑스, 이탈리아, 독일 등 유럽의 대도시들에는 카페가 우후죽순 들어섰다. 1700년 무렵 런던에는 커피하우스가 2천개를 넘어섰다. 커피하우스에서는 지적인 대화가 오갔다. 커피가 전파되는 곳마다 혁명의 씨앗이 잉태되기도 했다. 커피는 가장 급진적인 음료였으며 독재자들에게는 가장 위협적인 존재였다.

어떻게 보면 카페인은 지구상에서 가장 많이 섭취되는 일종의 마약이다. 마약처럼 사람의 몸속에서 신경전달에 영향을 미친다. 그럼에도 커피가 환각과 중독을 유발하는 향정신성 의약품으로 분류되지 않는 것은 카페인이 우리 몸에 흡수된 뒤 3~4시간이면 자연스럽게 절반가량 효과가 사라지기 때문이다. 게다가 카페인은 중독이나 금단 현상도 없다. 적절한 양만 섭취한다면 우리 몸을 이롭게 한다. 커피는 우리를 진지하고 엄숙하고 철학적으로 만들어 준다. 뇌를 흥분상태로 만들어 말이 아주 많아지게 하며 종종 좋은 아이디어와 영감을 떠오르게 하기도 한다.

카페인은 알칼로이드의 일종으로 질소원자를 가진 고리모양의 유기화합물이다. 이는 여러 종의 열대식물에서 만들어진다. 열대식물들은 스스로를 보호하기 위해서, 즉 잠재적 포식자들에게 먹히지 않기 위해서 자구책으로 카페인을 생산한다. 그래서 카페인을 천연살충제라고도 얘기한다. 카페인은 우리 몸속에서 혈류를 타고 흐르며 위장기관 같은 생체막을 통과한다. 사람의 간은 카페인을 독으로 간주해서 분해한다. 그러나 카페인의 일부는 그대로 간을 통과해서 뇌에 다다른다. 이 카페인은 수면을 촉진시키는 아데노신(adenosine)의 작용을 방해한다. 따라서 우리가 깨어있게 되는 것이다. 우리의 정신이 쉬어야 함에도 불구하고 쉬게 하는 작용을 막는 것이다. 10그램의 카페인을 한꺼번에 마시면 사람이 죽는다. 그러나 치사량만큼 섭취하려면 100잔의 커피를 한번에 마셔야 한다.

웹사이트 코페니스(Coffeeness)를 운영하는 독일의 바리스타 아르네 프레우스(Arne Preuss)는 가정에서 15가지 방법으로 만든 커피의 카페인 함량을 측정했다. 100밀리리터의 커피 양을 기준으로 환산할 경

카페인의 분자구조

우, 농축 에스프레소 커피인 리스트레토(ristretto)에는 421밀리그램, 에스프레소에는 273밀리그램, 드립커피는 68밀리그램, 자동커피머신에서 뽑은 커피에서는 58밀리그램의 카페인이 나왔다. 물과 커피가루를 희석하는 방법에 따라 카페인 추출량이 다르게 나온다. 프레우스의 실험 결과에 따르면, 리스트레토의 경우 사용된 커피원두에 포함된 카페인 함량의 31%가 추출되었고, 다른 방법으로 추출한 커피의 경우에는 10% 이하로 카페인이 추출되었다. 커피를 추출하는 시간이 길어질수록, 그리고 물과 커피입자가 접촉한 면이 클수록 카페인이 많이 빠져나온다.

묽은 아메리카노라고 해서 반드시 카페인 성분이 적게 포함된 것은 아니다. 마시는 커피량이 많기 때문이다. 에스프레소는 고온고압으로 20초 정도의 짧은 시간에 커피를 추출하기 때문에 비교적 카페인량이 많지 않다. 카페인 섭취함량은 어떤 커피원두를 선택하느냐 뿐만 아니라 어떻게 커피를 제조하느냐에도 크게 달렸다.

커피가 남성의 정력을 떨어뜨린다는 이야기가 회자된 적이 있다. 미국 텍사스의 건강과학센터는 2016년 사실이 아님을 밝혔다. 하루에 85~170밀리그램의 카페인을 섭취하는 사람의 경우, 그렇지 않은 사람보다 발기불능이 42%나 적었다고 발표했다. 그 결과에 따르면 하루에 커피를 2~3잔 마실 경우 오히려 발기불능이 적어진다는 것이다.

식물들은 오랜 진화과정을 통해 다양한 방어시스템을 구축했다. 소나무는 피톤치드를 뿜어내어 벌레를 예방하고 다른 경쟁식물을 물리친다. 잎과 열매 표면을 매끄럽게 하여 수막이 형성되지 못하게 했고, 그래서 곰팡이나 세균이 그곳에 잘 증식하지 못한다. 커피열매에 포함된 카페인도 살충 또는 살균효과를 가지고 있다. 커피열매의 카페인은 생존을 위해 만들어진 것이다. 창조주 하나님의 설계다.

그럼에도 불구하고 브로카라는 해충은 커피열매를 나선형으로 파고들어 열매를 고사시킨다. 잘은 모르겠지만 아마 여기에도 하나님의 균형의 섭리가 내재되어 있을 것이다. 커피열매는 조류나 포유류에게는 거의 무해하다. 실제로 커피가 자생하는 지역에서는 원숭이, 새, 사향고양이 등이 커피열매를 먹고 산다. 과거 인류의 조상들도 커피열매를 먹었을 것이다.

커피에 포함된 카페인은 과다복용하면 몸에 해롭다. 따라서 디카페인 커피가 상품화되었다. 그렇지만 카페인이 없는 커피는 짠맛을 잃어버린 소금이다. 앙꼬 없는 찐빵이기도 하다. 인류는 이미 수천 년 동안 커피의 카페인을 즐겨왔고 지금도 그렇다. 커피와 카페인은 서로 떼려야 뗄 수 없는 애증의 관계다.

06
생두 감별사 카타도르

  사전(辭典)적으로 카타도르(Catador)는 사람들에게 제공되는 음식이나 음료수를 시음하여 안전여부를 확인하는 전문가다. 이 경우 사람들이란 보통 왕족이거나 귀족 등 사회적 지위가 높은 사람들을 가리킨다. 그러한 의미에서 카타도르를 검식가라고 불러야 맞다. 커피분야에서 커피생두의 질과 등급을 평가하는 평가사를 스페인어로 카타도르라고 하며, 영어로는 큐그레이더(Quality Grader 또는 Q Grader)다.

  카타도르는 로스트 된 커피를 잔으로 서비스하는 전문가인 바리스타(barista)와는 전혀 다른 직업이다. 카타도르와 비교할 때 바리스타는 커피산업 전반에 대한 전문적인 지식을 필요로 하지 않는다. 바리스타를 폄하하는 것은 아니다. 바리스타는 30초 이내에 커피의 정수를 뽑아낸다. 그는 원두의 종류를 선택하고 다양한 입자 크기로 분쇄하며, 정확한 질감과 온도로 스팀우유를 만들어서 정확한 손놀림으로 라테아트(latte art)를 만들어낸다. 바리스타의 세계는 예술이며, 바라스타는 예술가다.

  카타도르는 커핑(cupping, 스페인어로 taza)을 통해 커피의 향미를 구별하고 표현한다. 이 과정이 객관적이 되려면 다양한 향미를 반복적으로 경험해야 한다. 즉, 입과 코로 미각과 후각을 훈련해야 한다. 이 훈련을 위해 보통 아로마 키트(aroma kit)를 활용한다. 카타도르가 향미를 구별하는 것도 필수이지만 이를 정확하게 전달하는 것도 중요하다. 따라서 스페셜티커피협회(SCA)는 플레이버 휠(flavour wheel)을 만들었다. 전문가들은 보통 원 또는 톱니바퀴처럼 생긴 이 플레이버 휠에 나타난 향미의 언어를 사용하여 자신들이 평가한 커피를 표현한다. 일종의 커핑 공용어다. 당초에 미국 스페셜티커피협회(SCAA)가 만든 플레이버 휠이 사용되었으나 2016년 국제 스페셜티커피협회가 이를 보완한 플레이버 휠을 만들었고 그 표가 지금 널리 사용된다.

카타도르는 커핑 결과를 평가표에 수록하는 데 평가표의 양식이 다양하다. 보통의 경우는 스페셜티커피협회의 평가표를 사용한다.

필자가 만났던 콜롬비아 커피조합에 고용된 카타도르도 스페셜티커피협회의 평가표를 사용하고 있었다. 그 평가양식에 수록된 10개 기준은 프래그런스/아로마(fragancia/aroma), 클린컵(clean cup), 스위트니스(sweetness), 에시디티(acidity), 바디(body), 플레이버(flavour), 뒷맛(aftertaste), 균형(balance), 유니포미티(uniformity) 및 오버롤(overall)로 각 항목별 10점이 만점이다. 이론적으로는 항목별로 0점에서 10점까지 줄 수 있지만, 이 평가표는 양질의 커피인 스페셜티 커피를 평가하는 만큼, 카타도르들이 5점 이하의 점수는 주지 않는다.

프래그런스/아로마는 커피의 향이다. 클린컵은 커피에 다른 맛이 섞여있어 방해가 되는지를 평가하는 요소다. 스위트니스는 단맛을 평가하는 요소다. 에시디티는 산미를 평가하는 항목으로 산미가 강하게 나는 것보다 단맛이 함께 어우러진 것을 높이 평가한다. 바디는 입안에

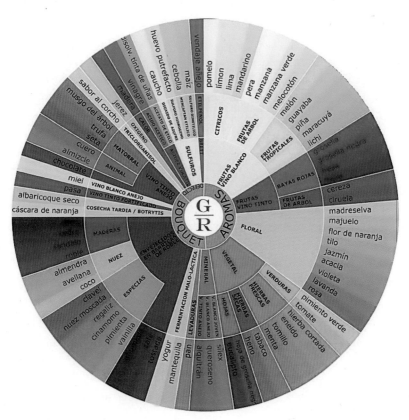

카타도르가 사용하는 커피 플레이버 휠 모양

서 느껴지는 촉감을 평가하는 항목이다. 플레이버 항목에서는 커피의
복합적인 향미를 평가한다. 가장 기본적이면서도 복합적인 항목이다.
애프터테이스트는 커피를 목으로 넘긴 후 입안에 남는 향미의 여운을
평가한다. 밸런스 항목에서는 각 향미의 요소들이 조화를 이루는지를
평가한다. 유니포미티는 커핑을 위해 준비한 모든 컵에서 향미가 동일
한지를 평가한다. 마지막으로 오버롤 항목에서는 카타도르의 주관적
점수를 기록하는 항목이다.

미국의 마크 펜더그라스트(Mark Pendergrast)는, 커피평가의 4대요

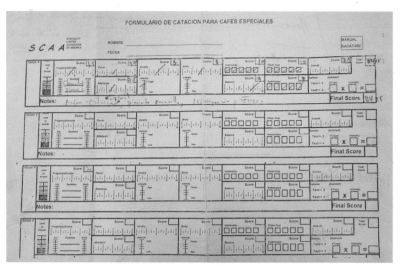

미주 스페셜티커피협회(SCAA) 평가 양식

소로 커피전문가들이 아로마, 바디, 산도 및 풍미를 꼽는다고 했다. 그는 이 평가요소를 조금 더 실감나게 표현했다. 아로마는 맛이 전해주는 것 이상의 기쁨을 약속해주는 향기이며, 바디는 입안에서 커피를 머금 었을 때의 질감 혹은 무게감으로, 다르게 말하자면 혀 위를 구르는 느낌과 목으로 넘어갈 때의 목의 충만함이다. 산도는 생기와 따뜻함을 주는 요소로서 기분 좋은 자극을 더하는 짜릿한 맛이며, 풍미는 입안에서 순간적으로 확 퍼졌다가 미각의 기억으로 남게 되는 미묘한 맛이다. 전문가의 실감나고 공감되는 표현이다. 여러 종류의 커피를 스스로 자주 경험해야만 커피의 풍미를 자기의 언어로 표현할 수 있을 것 같다.

　필자가 커피를 본격적으로 마신 지는 10년이 채 안 된다. 콜롬비아에 첫 번째로 근무할 때 커피 주요생산지역, 즉 에헤 카페테로를 방문하면서 커피에 본격적인 관심을 갖게 되었다. 그런데 커피생산지역을 방문한 것은 커피와 전혀 상관이 없었다. 방문목적이 지방정부 인사들이나 정치인들과 친목을 다지고, 대학이나 상공회의소에서 강연을 하며, 우리 동포들과 만나는 데 초점이 맞추어져 있었다.

그런데 방문지마다 지방정부에서 커피농장과 커피가공시설을 안내하고 또 방문하는 곳마다 다양한 커피를 권유했다. 자기네들이 서브하는 커피가 최고라는 말이 늘 뒤따른다. 그러다 보니 예의상 커피를 마실 수밖에 없었고 커피에 맛과 향에 눈을 뜨기 시작했다. 대학시절 카페도 드나들고 커피도 마셨지만 그 당시에는 커피는 단지 드링크의 하나였다. 가난한 학생이라 고급커피는 마실 기회가 없었다. 그때 커피의 느낌은 담배 연초를 섞은 것 같은 텁텁한 쓴 맛이었다. 게다가 어떤 때는 머리가 핑 돌기도 했다. 커피를 접한 시간을 감안할 때 필자가 커피의 맛을 안다고 하는 것은 명백한 과장이다. 그래서 커피의 맛에 대한 표현은 전문가인 카타도르의 용어를 빌릴 수밖에 없다.

커피경작자로부터 페르가미노 커피를 구매하고 생두로 가공하여 판매하는 커피조합에는 카타도르가 반드시 필요하다. 그들이 정하는 커피등급에 따라서 커피 구매 또는 판매 가격이 달라지기 때문이다. 커피생두를 수출하거나 수입하는 기업에도 카타도르가 필요하다. 커피는 생산지, 수확시기, 생산연도, 가공방법, 커피 보관환경 등 변수에 따라 맛이 천차만별이다. 공정하고 합리적인 거래를 위해서는 커피의 퀄리티에 대한 평가가 반드시 필요하며, 그 평가의 중심에 카타도르가 있다. 커피수입업자들이 직접 카타도르 자격을 취득하는 경우도 있고 카타도르를 고용하여 생산지에서 커피를 평가한 후에 구입을 결정하는 경우도 많다.

커피조합에 고용된 카타도르는 커피등급과 가격을 정한다. 한국 방앗간에서 벼의 품질을 평가하기 위해서 뾰족한 작은 손삽으로 볏자루를 찔러 샘플을 채취하듯이, 카타도르는 커피조합으로 운반되어온 커피자루에서 임의로 250그램의 페르가미노 커피 샘플을 채취한다. 이를 소형 전동 트리야도라에 넣어 껍질을 벗긴 후에 나오는 생두의 무게를 달아 당초 페르가미노 커피 샘플의 무게와 비교하여 그 차이로 생두지수(Factor de Rendimiento)를 환산한다.

생두무게를 측정하기 전에 흠집이 있는 생두알들은 모두 골라낸다. 페르가미노 커피의 가격은 매일 커피생산자연합이 정하는 국내기준가격을 토대로 정해지는데 생두지수에 따라 다소 조정된다. 고평가를 받은 커피는 스페셜티 커피로서 기준가격보다 훨씬 더 높은 가격을 받는다.

콜롬비아에서 카타도르는 미주스페셜티커피협회(SCAA) 기준에 의거하여 커피생두를 로스팅하고 그라인딩하여 커핑을 통해 퀄리티를 평가한다. 우수한 커피를 카페 오로(café oro)라고 부르며, 그러한 커피를 생산하는 커피농장을 보통 미크로로테(microlote)라고 한다. '작은 농장'이라는 의미다. 커피를 대량으로 생산하는 큰 규모의 농장에서는 양질의 스페셜티 커피가 생산되기가 어렵다는 의미가 포함되어 있다.

미크로로테는 커피농장을 여러 구획으로 구분하여 경작하는 커피경작 방식인 동시에, 그러한 방식으로 생산된 생두를 의미하기도 한다. 미크로로테 방식을 통해 좋은 품질의 커피를 생산할 수 있고, 그 커피는 높은 가격에 판매되기 때문에 생산자나 소비자 모두에게 인기가 있다. 과거에는 커피경작자가 스스로 경작방법이나 가공방법을 선택하여 생산한 커피를 소비자에게 제시를 했으나, 이제는 커피경작자가 커피소비자 또는 수입업자의 의견을 반영하여 커피를 생산하기도 한다. 즉, 맞춤형 생산이다. 이 경우 부대비용이 들어가지만 소비자가 원하는 커피를 생산하기 때문에 안정적인 거래가 이루어진다는 장점이 있다.

필자가 커피조합(Cooperativa)과 알마카페(Almacafé), 커피 가공업체들을 방문할 때마다 카타도르가 커핑하는 과정을 보여주었다. 카타도르가 시음하고 평가하는 과정을 세심하게 지켜보았다. 카타도르들은 예외 없이 모두 전문가로서의 자부심이 넘쳤다. 그들은 자신감 있게 커피를 심사하여 등급을 매기는 과정을 설명했다. 카타도르의 동작이 섬세하고 꼼꼼하다. 각 심사단계마다 손이 많이 간다. 그의 행동이 엄숙하고 신성하다. 안내자들이나 커피평가 과정에 함께한 카타도르의 동료들도 경외의 눈빛으로 평가과정을 주시했다.

당신들도 카타도르에 도전해보는 게 어떠냐고 물어보니 고개를 절레절레 흔든다. 그만큼 어렵다는 것이다. 보통경우는 커피조합이나 커피기업에서 오랜 기간 일을 해온 사람들이 카타도르에 도전한다고 한다. 카타도르는 수십 가지 서로 다른 커피향을 넣은 시험관들을 보여주면서 냄새를 맡아보라고 했다. 아로마 키트다. 필자와 같이 향미에 민감하지 못한 사람들에게 카타도르가 된다는 것은 언감생심(焉敢生心)이다.

어렵기 때문에 카타도르에 도전해볼 가치가 있다는 생각도 들었다. 우리나라는 매년 10억 달러 상당의 커피나 커피제조품을 수입한다. 수입증가세도 무섭다. 주로 콜롬비아, 브라질 등 남미와 코스타리카, 과테말라 등 중미국가들에서 커피를 들여온다. 베트남과 인도네시아도 있고, 에티오피아, 케냐 등 아프리카에서도 커피를 수입한다. 한국의 젊은이들에게 카타도르는 충분히 매력적인 직업이 될 수 있다. 이미 카타도르 자격을 획득한 한국인들이 많이 있으나 카타도르의 세계는 아직 우리에게 아직 생소하다.

우일라 주 커피조합 소속 카타도르의 커핑 시연

　세계 모든 지역에서 생산되는 커피에 모두 능통한 전문가가 되기
는 매우 어렵다. 각 지역마다 커피산업 정책이 다르고 정책을 이행하는
기관이 다르며 커피를 생산, 유통, 가공하는 환경이 다르기 때문이다.
생산지별로 언어도 다르다. 각 지역별로 특화된 카타도르가 필요하다.
우리나라에는 커피마니아들이 많다. 커피마니아나 커피동호인들로부터
지역별 커피 스페셜리스트가 많이 나오기를 기대한다. 한국인 카타도
르의 실력은 한국 커피산업의 동력이며 국력이다.

　카타도르 자격증을 획득하기 위해서는 매우 어려운 시험을 통과해
야 한다. 수십 가지의 커피 맛을 감별해내는 특별한 능력 이외에 커피
의 종류, 재배, 유통 등 커피산업에 대한 전반적인 이해가 필수적이다.
커피산업 각 분야에 오랜 기간 종사해와 커피에 대한 기본적인 소양과
경험을 갖춘 사람들이 카타도르 양성과정을 이수하고 시험에 응시한
다. 보고타에도 카타도르 과정을 제공하는 여러 개의 학원들이 있으며

커피생산자협회도 국제 스페셜티커피협회와 연계된 카타도르 과정을 운영한다.

국제적으로 수립된 커핑 방식에 따라 카타도르가 커피를 평가하는 데는 많은 비용과 시간이 든다. 그러기에 커피평가에 인공지능(AI)을 도입하려는 움직임이 있다. 이스라엘 스타트업인 데메트리아(Demetria)는 커피를 로스팅하기 전에 커피생두에 적외선을 쏘아서 커피를 평가하는 휴대용 장치를 개발했다. 적외선 센서로 얻은 정보를 AI기반 플랫폼인 이플레이트(e-plate) 내에 저장된 각종 커피생두의 프로필과 매칭시킴으로써, 평가를 하는 것이다.

우리 농가나 농산물 유통업체에서 사용하는 피스톨형 당분 측정기를 상상하면 될 것 같다. 인간이 AI와 경쟁하는 시대가 이미 도래했다. 이세돌 9단이 바둑에서 AI와 경쟁했듯이 카타도르도 AI와 경쟁해야 할 것이다. 그러나 AI가 우리의 삶에 편리함을 가져다 줄 수는 있지만 미묘한 커피의 향과 맛을 분별해내는 인간의 오감과 육감을 AI가 대체하는 것은 불가능할 것이다.

PART

7

콜롬비아 커피산업의 터줏대감들

01
커피산업의 대부 커피생산자협회

콜롬비아에서는 언제부터인가 커피가 산업의 중심축으로서 경제를 이끄는 기관차 역할을 하게 되었다. 커피가 국민생활에도 지대한 영향을 끼치게 되자 커피에 관한 정부의 결정은 국민들에게 초미의 관심사였다. 예를 들어 커피에 부과되는 조세는 대형농장주, 중소 커피수출기업, 수백만의 영세생산자들 모두에게 영향을 주었다. 가뭄이나 홍수 등으로 생산에 차질이 발생하거나 또는 수출기업들 간에 갈등으로 수출에 문제가 생기면 커피산업 전체 나아가 국민생활 전반에 위기가 닥쳤다.

그러한 환경하에서 커피산업을 보호하는 기관이 필요하다는 의견이 대두되었고 1927년에 콜롬비아 커피생산자협회(FNC/Federación Nacional de Cafeteros)가 탄생했다. 콜롬비아 경제에서 커피가 차지하는 비중이 워낙 높다보니 커피가 콜롬비아의 국제관계도 지배했다. 커피생산자협회의 정책과 입장이 다른 외교현안보다 우선시되었다. 커피와 관련된 문제는 산업은 보통사람들에게도 중요했다. 커피농장 가족, 커피수출업자, 커피산업에 고용된 노동자들 모두, 그들의 삶을 커피수확,

보고타 시에 위치한 콜롬비아 커피생산자협회 건물

가공, 커피가격 등에 의존했기 때문이다. 커피수확이 잘 되고 커피가격이 좋아야 젊은이들도 결혼할 수 있었다. 정부도 마찬가지였다. 국제커피가격의 부침에 따라 정부의 세수와 예산규모가 달라졌다.

콜롬비아 커피생산자협회는 90년 이상의 역사를 지닌 콜롬비아의 대표적인 비영리 민간단체다. 콜롬비아에서는 총 32개 주 중 23개 주에서 커피를 생산한다. 협회는 커피를 생산하는 23개 주 중에서 15개 주에 지부를 두고 있다. 커피생산자협회에는 총 56만 커피농가 중 36만 가구가 가입해 있다. 즉, 콜롬비아 커피경작자의 2/3가 협회회원이다. 커피생산자협회는 정부와 함께 커피경작 및 유통관련 정책을 수립한다. 국내 커피기준가격을 정하고 국가커피기금(Fondo Nacional de Café)을 운영하며 그 기금으로 커피연구와 기술보급도 담당한다. 커피생산자협회는 콜롬비아 커피산업의 대부(Godfather)다.

커피생산자협회의 가장 중요한 기능은 매일 커피의 기준가격을 정

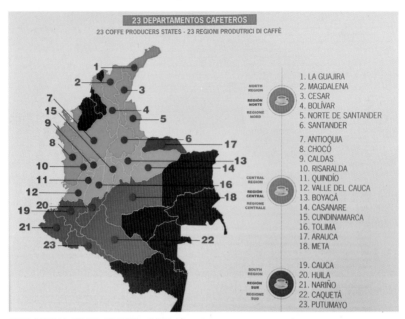

콜롬비아에서 커피를 생산하는 23개 주

하고 그 기준가격에 따라 커피를 구매하는 것이다. 보다 정확히 말하면 기준가격으로 커피구매를 보장하는 것이다. 회원으로 등록된 커피경작자들은 금융 및 보조금 혜택을 받으며, '지속가능한 경작 인증(sello)', '커피농장인증(certificación)' 등 협회가 제공하는 각종 자격을 받을 수도 있다. 농자재 구입에도 혜택을 받는다. 파종부터 생산 및 수확 후 관리까지 각종 기술을 지원받는다. 커피생산자협회는 콜롬비아산 커피의 25%를 수출하는 콜롬비아 내 최대 수출기관이기도 하다. 건조된 페르가미노 커피를 구입하여 이를 원두로 가공한 후 협회 자회사인 알마카페를 통해 수출한다. 커피생산자협회는 커피수출허가증도 발급한다.

커피생산자협회가 비영리 민간단체로 등록되어 있지만, 국가커피기금을 운영하고 커피 관련 국제회의에서 콜롬비아를 대표하며 커피산업 정책을 수립하고 이행한다. 과연 협회가 민간단체일까 하는 의구심이 든다. 더구나 커피생산자협회 조직에 정부인사들이 들어가 있고 커피생산자협회장도 정부의 블레싱(blessing)이 있어야만 선출된다. 과거의 일이지만 커피생산자협회장은 국립중앙은행 이사회, 중장기경제사회정책 집행이사회, 대외무역정책 이사회에 참석했다.

커피생산자협회 리사랄다 주 지부를 방문했다. 리사랄다 지부에는 약 100명의 직원이 근무한다. 특별한 프로젝트가 있을 경우, 100~300명을 추가로 고용한다고 한다. 커피생산자협회 15개 지부에는 각각 주 위원회(Comité Departamental)가 구성되어 있으며, 각 주 위원회는 정위원 6명 및 후보위원 6명으로 구성된다. 이들은 4년마다 커피경작자들의 투표에 의해 선출된다. 말하자면 주 위원회는 의회와 같은 역할을 한다. 15개 주 위원회는 임명직인 커피생산자협회 주 지부장(Director Ejecutivo del Comité Departamental) 및 그 행정관리들을 관리감독한다.

모든 커피경작자가 투표권을 갖는 것은 아니다. 보야카 지부의 경우에는 0.5헥타르 이상의 경작지를 보유한 커피경작자들에게 투표권을 준다. 15개 주 위원회 산하에는 하부조직인 시 위원회(Comité Municipal)가 구성되어 있다. 콜롬비아 전국적으로 400여 개의 시 위원회가 구성되어 있다. 15개 주 위원회에 소속된 총 90명의 위원들은 매년 12월 첫째 주에 보고타에 모여 3일 동안 커피생산자협회 총회(Congreso)를 개최하며, 커피산업 전반을 논의하고 의결한다. 커피산업이 콜롬비아 경제에서 차지하는 비중과 영향력이 매우 큰지라 콜롬비아 대통령이 총회에 참석하여 연설하는 게 관례. 총회가 커피생산자협회 회장을 선임한다.

한편, 15개 주 위원회는 커피경작자들 중에서 각각 1명의 대표자(delegado 또는 representante)를 선정하며, 이들 15명은 감독위원회(Comité

Directivo)를 구성하여 커피생산자협회의 각종 업무를 감독한다. 대표자를 정위원이나 후보위원 중에서 선발할 수도 있고 다른 커피경작자중에서 선택할 수도 있다. 또한 이들은 중앙정부나 의회 면담 등을 통해 로비와 홍보도 하고 커피경작자들의 이익을 대변한다. 한편, 이들 15명은 정부대표 4명, 즉 재무장관, 농업장관, 통상장관 및 국가기획처장과 함께 국가커피위원회(Comité Nacional de Cafeteros)를 구성하여 국가커피기금을 관리하고 감독한다.

커피농가가 56만이니 대충 커피경작으로 생계를 이어가는 인구는 250만 명 정도다. 커피경작자를 포함하여 커피산업으로 2백만 개의 일자리가 창출된다고 하니 커피로 먹고사는 인구를 가히 짐작할 만하다. 커피는 콜롬비아 농업생산의 17% 그리고 농산품 수출의 30% 이상을 점유한다. 이러한 통계들이 커피생산자협회의 파워를 잘 나타낸다.

콜롬비아에서는 커피생산자협회 등 커피기관의 역할과 관련한 2가지 논쟁이 있어 왔다. 커피생산자협회가 국가커피기금 운영하는 데 적자가 발생하면 정부의 재정으로 메꾸어 주기 때문에 정부 재정에 큰 부담이 된다. 한편, 커피경작자들은 자기들이 부담하는 기여금이 과연 효율적으로 집행되는지에 의문을 갖는다. 따라서 과연 커피기금이 제대로 사용되느냐 또는 커피생산자협회가 주어진 역할을 제대로 하느냐에 관한 논쟁이 있다. 국가커피기금의 재원은 수출하는 커피에 대해 정부가 징수하는 기여금(contribución)으로 조성된다. 기여금이라는 이름을 붙였지만 일종의 커피수출세다.

또 다른 논쟁은 커피시장에 대한 커피생산자협회의 규제와 정부의 커피교역정책 운용이 과연 커피경작자들에게 정말 도움이 되느냐에 관한 사항이다. 일부는 커피생산자협회의 가격보장제도가 독과점구조를 고착시켜 시장의 왜곡을 가져온다고 주장한다.

이 논쟁과 관련한 커피생산자협회의 입장은 분명하다. 지금까지 커피생산자협회가 커피농가의 발전에 기여해왔으며, 특히, 시장에서 소외된 영세 커피경작자들에게 늘 대안이 되어왔다고 늘 주장한다. 커피생산자협회 입장에서 보면 억울한 생각도 들 것이다. 어려운 시절 콜롬비아 커피농가의 발전을 위해 혼신을 노력을 기울여 왔는데, 정작 커피경작자들은 그들의 활동과 기여에 의구심을 갖고 있기 때문이다.

로베르토 벨레스 바예호(Roberto Vélez Vallejo) 현 커피생산자협회 회장(Gerente General)은 2015년에 총회에서 선출되었다. 그는 커피산업의 생산성을 높이고 커피농가의 채무를 청산하며, 커피농가들이 보다 수익을 많이 내도록 함과 아울러 지속가능한 커피 생산에 협회의 노력을 집중하고 있다. 아울러 위에서 이야기 한 커피생산자협회에 대한 비판을 감안하여 협회조직을 보다 민주화시키고 새로운 정관과 새로운 윤리규정을 마련하겠다고 천명했다. 협회는 수출규제 개선과 새로운 국가커피기금 협정 체결 그리고 국가커피기금에 대한 의존도를 줄이기 위한 노력도 기울이고 있다.

콜롬비아에서는 커피산업이 국가경제에서 차지하는 비중이나 정치적 및 사회적 영향력이 엄청나다. 따라서 커피생산자협회장의 위상은 다른 직능단체장과는 비교가 안 될 정도로 높다. 벨레스 회장은 리사랄다 주 수도인 페레이라 시 출신으로 전통적인 커피농장 가문에서 태어났다. 그는 커피생산자협회에서도 근무를 했지만 말레이시아, 아랍에미리트(UAE)와 일본에서 대사직을 역임했다. 그는 커피에 대한 전문성과 더불어 세련되고 신사다운 언행으로 커피관계자들로부터 좋은 평가를 받고 있다.

콜롬비아 커피생산자협회 로베르토 벨레스 회장 면담

02
커피생산자협회 산하기관들

커피생산자협회 산하에는 커피유통의 물류부분을 담당하는 알마카페와 연구기관인 세니카페가 있다. 커피수출기관인 엑스포카페는 비록 커피조합 산하기관이기는 하지만 커피생산자협회가 일정 지분을 보유하고 있다. 따라서 커피생산자협회가 엑스포카페의 활동에 관여한다. 커피생산자협회는 비영리단체로 등록되어있지만 영리활동을 하는 2개의 자회사, 즉 후안 발데스 커피점을 운영하는 포로카페콜(Procafecol)과 냉동 인스턴트커피를 생산하는 부엔카페(Buencafé)를 거느리고 있다.

☕ 알마카페(Almacafé S.A.)

알마카페의 정식명칭은 Almacenes Generales de Deposito de Café S.A.으로 비영리기업이다. 이는 커피생산자협회의 물류전문 자회사로 1965년에 설립되었다. 커피 구입과 더불어 운송, 창고보관, 수출 세관업무, 커피의 퀄리티 콘트롤, 커피구입

자금의 관리 등 업무를 수행한다. 커피생산자협회와 계약을 통해 임무를 수행한다. 알마카페는 현재 전국에 18개 지점(Sucursal) 또는 사무소(Agencia)를 운영하고 있다.

　태평양 연안의 부에나벤투라 지점과 대서양 연안의 카르타헤나 지점은 세관업무를 위해 설립되었으며, 44명의 세관업무 담당자가 지정되어 커피를 수출하는 데 편의를 제공한다. 한편, 알마카페는 트럭으로 운영되는 이동식 커피평가소(Taza Móbil)도 운영한다.

　알마카페는 커피생산자협회가 정한 국내커피기준가격표에 따라 커피를 구매한다. 커피경작자들은 껍질이 있는 페르가미노 커피를 커피조합에 판매한다. 알마카페는 커피조합으로부터 페르가미노 커피를 구입하여 이를 생두로 가공하여 수출하거나 국내에 판매한다. 알마카페는 대형 커피창고를 운영한다. 커피가격 보장을 위해 국가커피기금을 사용하기 때문에 금융감독청(Superintendencia Finaciera)과 회계감사원(Controlaria General)의 감독을 받는다. 알마카페는 ISO 9001 표준을

알마카페가 운영하는 이동식 커피평가소

사용하며 4PL 물류서비스를 제공하는 콜롬비아 최고기업으로 선정되기도 했다. 콜롬비아수출협회(ANALDEX)가 수여하는 최고 수출기업으로 선정되기도 했다.

필자가 나리뇨 주 파스토 시를 방문했을 때 알마카페 사무소와 창고를 돌아본 적이 있다. 루스 모랄레스(Ruth Moralez) 사무소장이 창고와 시설들을 소개했다. 엄청난 규모의 창고에 커피자루들이 빽빽하게 쌓여 있었고, 4개의 대형 트리야도라 기계와 다양한 시설 그리고 연구실 등이 매우 인상적이었다. 모랄레스 사무소장은 몸집이 왜소한 여성이었는데 그녀가 그렇게 큰 시설을 잘 유지하고 운영하고 있다는 게 또한 놀라웠다. 왜냐하면 알마카페 사무소장은 대형트럭을 운전하는 기사들과 커피자루를 다루는 거친 인부들을 상대하고 노조들과 마주해야 하는 자리였기 때문이다.

☕ 세니카페(Cenicafé)

세니카페는 1938년에 설립되어 80여년의 역사를 지닌 국립커피연구소(Centro National de Investigaciones del Café)다. 전문적인 커피연구기관으로 이미 세계적으로 알려져 있다. 칼다스 주 친치나(Chinchina)에 본사가 있으며, 8개의 분소를 운영한다.

이곳에서는 200여 명의 박사 및 석사급 연구원들이 신품종 개발, 병충해 연구, 커피나무의 생산개시까지 시간 단축, 생산성 향상, 커피 마케팅 기술 등을 연구한다. 국내 여러 대학교는 이 연구소에 대학생들을 보내며 그들은 이곳에서 전문연구원들의 지도를 받아 커피연구를 수행하기도 한다.

세니카페는 커피경작자들의 소득향상을 위해 '농업경제 강화, 생

세니카페가 개발한 '세니카페1' 품종 커피나무와 열매

산성 향상 및 퀄리티 제고' 전략을 추진해오고 있다. 특히, 단위경작면적 당 커피나무 입식 확대, 커피나무의 교체를 통한 커피나무의 평균나이 축소, 커피녹병에 내성을 지닌 품종 개발 및 신품종 경작 확대, 기후변화 대응시스템 구축 등에서 많은 성과를 내고 있다. 세니카페는 커피녹병에 강한 내성을 지닌 '콜롬비아(Colombia)' 품종과 '카스티요(Castillo)' 품종을 개발했다. 병충해에 강할 뿐만 아니라 생산성도 높은 '세니카페 1(Cencafé 1)' 품종 개발에도 성공했다.

☕ 프로카페콜(Procafecol S.A.)

프로카페콜은 후안 발데스(Juan Valdez) 상표 커피를 소비자들에게 제공하는 기업이다.

PROCAFECOL
Promotora de Café Colombia S.A.

이 기업의 정식명칭은 Promotora de Café Colombia S.A.로 2002년에 설립되었다. 프로카페콜은 자체적으로 커피숍을 운영하기도 하고 제3자에게 프랜차이즈를 제공하기도 한다. 콜롬비아 커피생산자협회는 2002년 12월에 보고타 엘도라도 국제공항에 최초의 매장을 오픈했다. 외국에는 2004년에 처음으로 미국 워싱턴 D.C.에 매장을 열었다. 현재 13개국에 132개의 매장을 운영하며, 콜롬비아 내에는 313개의 매장이 있다.

그 이외에도 호텔, 레스토랑, 항공사, 슈퍼마켓 등 291개의 기업들과 협력 또는 도매 판매 협력채널을 구축하고 있다. 한국에도 2014년에 동대문디자인플라자(DDP)에 프랜차이즈 매장을 오픈했으나 이후 문을 닫았다. 로베르토 벨레스 커피생산자협회 회장은 프로카페콜이 한국매장을 철수한 것은 후안 발데스 커피제품의 문제가 아니며 한국 파트너의 재정적인 문제 때문이었다고 한다. 프로카페콜은 재정적 능력을 보유한 한국 파트너와 손을 잡아 한국매장을 다시 오픈할 수 있기를 희망한다. 벨레스 회장은 한국의 대형 식품유통 기업과 전략적 제휴를 기대한다고 필자에게 밝힌 바 있다.

☕ 부엔카페(Buencafé S.A.)

부엔카페는 커피생산자협회 소속 자회사로 냉동건조 인스턴트커피(café liofilizado)를 생산한다. 냉동건조 인스턴트커피는 1960년대에 처음 출현한 인스턴트커피로 냉동건조 방법을 사용함으로써 커피의 고유한 맛과 향기를 그대로 유지시킨다.

콜롬비아 커피생산자협회는 1973년에 칼다스 주 친치나(Chinchina)에 부엔카페 공장을 설립했다. 현재 연간 13,500톤의 냉동건조 인스턴트커피를 생산한다. 부엔카페는 60개가 넘는 국가들에 제품을 수출하며 북미와 유럽이 주요고객이다. 부엔카페는 암스테르담, 뉴욕, 상하이

보고타 엘도라도 국제공항에 위치한 후안 발데스 1호점

부엔카페 사가 생산하는 냉동건조 인스턴트 커피 홍보 포스터

및 도쿄에 사무소를 두고 있다.

    소비자들의 취향을 반영하여 디카페인 인스턴트커피와 바닐라, 카라멜 등 향을 지닌 인스턴트커피를 생산한다. 커피생산 후 잔여물질을 발전용 보일러 연료나 비료 등으로 사용한다. 부엔카페의 수익은 국가 커피기금으로 들어간다. 재미있는 사실은 커피가격이 낮을 때에 오히려 부엔카페의 수익이 늘었다는 것이다. 따라서 부엔카페는 콜롬비아 커피산업을 안정화시키는 역할을 한다.

☕ 엑스포카페(Expocafé S.A.)

1985년 커피경작자, 커피조합(Cooperativa) 및 콜롬비아 커피생산자협회 간 합의에 의해 탄생한 기업으로 커피조합은 엑스포카페를 통해 커피를 수출한다. 엑스포카페는 법적으로 커피조합의 산하기업이나 커피생산자협회가  20% 지분을 보유하고 있다. 정식 회사명은 Sociedad Exportadora de Café de las Cooperativas de Caficultores S.A.이다.

엑스포카페는 커피수출에 있어 Volcafé, Grupo Neumann, 드레이푸스, 네스카페, 미츠비시 등 다른 커피수출기업들보다 유리한 위치를 점유한다. 왜냐하면 엑스포카페는 모기업이라고 할 수 있는 커피조합이 운영하는 500여 개의 커피구입소와 11개의 커피정미소를 활용할 수 있기 때문이다. 커피수입업자들은 각 지방의 커피조합이나 엑스포카페를 직접 방문하여 여러 종류의 커피를 고르고 시음하며 협상을 통해 이를 구입할 수 있다. 그렇게 할 경우 영세커피생산자들을 찾아다니며 질 좋은 커피를 찾는 수고를 덜 수 있다. 따라서 외국의 커피수입업자들도 콜롬비아 33개 커피조합과 협력관계를 구축할 필요가 있다.

03
콜롬비아 국가커피기금

    콜롬비아 국가커피기금(Fondo Nacional de Café)은 1940년에 탄생했다. 제2차 세계대전이 발발하자 독일 잠수함들이 대서양에 출몰하면서 상품의 운송이 위험해지고 유럽의 시장이 고립되었다. 커피와 같은 1차 산품은 대공황시기보다도 더 큰 위기를 맞았다. 미국은 파나마운하와 같은 중요자산이 위험에 처하게 될까봐 전전긍긍했으며, 중미지역과 안데스지역 국가들로부터의 지지를 확보하기 위해 커피를 활용했다.

    미국은 최소 커피가격을 보장하면서 커피생산국의 수출한도를 설정하는 커피쿼터협정을 체결했으며, 이 협정으로 커피가격이 상승했고 커피생산국들의 국가재정도 좋아졌다. 정부의 개입주의가 정당성을 얻자 콜롬비아 정부는 국가커피기금을 창설했으며, 이를 통해 콜롬비아 정부와 커피생산자들 간의 협력관계가 한층 강화되었다.

    정부는 커피를 구입할 수 있는 재정능력을 확보하게 되었다. 커피의 과잉 생산에 대비한 대책을 마련할 수 있었다. 또한 국가커피기금을 통해 연구와 기술을 지원할 수 있었고, 커피농가의 복지 증진 프로그램을 추진할 수 있었다. 익스텐션 프로그램(Servicio de Extención)

에 1,500명이 넘는 전문가들을 투입했다. 이 프로그램은 커피농가와 직접적인 접촉을 통해 커피농가에 대한 각종 지원과 서비스를 확대하는 데 주안점을 둔다. 국가커피기금은 공공재정 확대, 투기세력 통제, 대외교역 안정, 생산성 향상에 크게 기여했으며 궁극적으로 커피경작자들에게 많은 이익이 돌아가도록 했다. 국가커피기금이 창설됨으로 인해 커피경작자들은 국제 커피가격의 부침에 따른 걱정에서 해방되었다.

콜롬비아에서의 커피생산량은 1990년에 1,600만 포대를 기록한 후 계속 하락하여 2012년에 770만 포대까지 감축되었다. 결국 베트남에 의해 추월당하여 지금 콜롬비아는 세계 제3위 커피생산국으로 주저앉았다. 커피산업이 쪼그라들자 국가커피기금에 대한 수요가 감당이 어려울 정도로 늘었다. 2013년에는 국내커피가격이 폭락함에 따라 커피수익보호프로그램(PIC)이 가동되었다. 국내커피가격이 카르가(carga, 125킬로그램 페르가미노 커피)당 70만페소 이하로 하락하면 145,000페소의 보조금을, 48만페소 이하로 하락하면 16만 5천페소의 보조금을 커피농가에 지급하는 프로그램이다. 국가커피기금 지원으로 콜롬비아 커피농가는 2012년부터 2014년까지 국제커피가격보다 18%나 더 높은 가격을 받았다.

국가커피기금 창설의 법률적 근거로 1개의 법과 3개의 시행령이 있다. 재원조달은 시행령 2079호에 규정되어 있다. 콜롬비아 정부는 국가커피펀드 조성을 위해 채권을 발행할 수 있도록 했다. 아울러 콜롬비아 정부는 파시야(pasilla)로 불리는 흠이 있는 커피 또는 낮은 퀄리티의 커피를 커피경작자들로부터 구입했으며, 파시야를 판매하는 커피경작자들에게 세금을 납부하도록 했다. 그 세금이 커피기금의 재원이 되었다.

시간이 지나면서 수출하는 커피에 일정한 기여금(Contribución)을 징수하는 방법으로 재원조달 방법을 바꾸었다. 앞에서도 말했듯이 일종의 수출세. 현재 콜롬비아 정부는 수출되는 커피생두 1파운드당 미화 6센트를 기여금으로 징수한다. 로스트된 커피는 1.08센트, 인스턴트커피는 0.48센트 그리고 커피엑기스에 대해서는 0.36센트를 징수한다. 1989년 커피자유화 이전 콜롬비아가 커피수출로 최대의 외화를 벌어들일 당시에 이 기여금은 미화 15센트를 넘었었다. 이 기여금으로 국가커피기금이 조성된다. 이 기금은 커피경작자로부터 커피구매를 보장하는 데 주로 사용된다. 그 이외에 세니카페를 통한 커피연구, 커피경작자들에 대한 기술전수, 커피경작지역의 인프라 구축, 홍보 등에도 기금이 쓰인다. 한편 커피생산자협회는 파운드당 징수하는 6센트 기여금 중 최대 3센트까지 협회 운영비로 사용할 수 있다. 커피생산자협회는 매 10년마다 국가커피기금의 운용을 점검하여 개선하며, 최근의 기금운용계약은 2016년에 체결되었다.

04
33개 커피조합

콜롬비아 전역에 33개의 커피조합(Cooperativa)이 운영되고 있다. 커피생산자협회는 커피조합과 긴밀한 협력관계를 구축하고 있다. 15개 주 수도에 위치한 커피생산자협회 지부와 커피조합은 대부분 서로 가까운 거리에 위치해 있다. 조합은 지역차원에서 커피경작자들을 지원하는 조직이다. 가장 중요한 임무는 페르가미노 커피를 국내커피기준가격으로 구입하여 판매하거나 또는 생두(café verde)로 가공하며 보관·선별·포장하여 판매하는 일이다. 커피조합이 구입하는 커피는 콜롬비아 총 생산량의 30% 정도라고 한다. 커피조합의 또 다른 서비스는 영세 커피농들에게 금융서비스를 제공하는 것이다.

콜롬비아에서는 커피경작자 지원조직이 커피생산자협회와 커피조합으로 나뉘어 이중적인 행정체계로 되어 있다. 커피생산자협회는 커피조합을 창설한 기관(fundador)인 동시에 커피조합과 협력관계(asociado)를 맺고 있다. 또한 커피생산자협회는 커피조합을 통하여 커피생산자들에게 국내기준가격을 보장한다. 따라서 우리나라의 농업협동조합의 단일구조에 익숙한 필자로서는 이와 같은 이중적 구조를 지닌 콜롬비

나리뇨 주 커피조합이 운영하는 커피 창고 방문

아 커피기관을 이해하기가 쉽지 않았다.

필자가 관찰하기에는 이분화된 구조가 형식일 뿐이며, 사실상 같은 조직으로 보인다. 왜냐하면 커피생산자조합과 커피조합의 기능이 중복되고, 또 서로 뗄 수 없는 협력관계를 갖고 있으며, 지분으로도 얽혀있기 때문이다. 다만, 커피조합은 조합회원들에게만 서비스를 제공하는 반면, 커피생산자협회는 커피조합 회원이 아닌 커피생산자에게도 서비스를 제공한다.

리사랄다 주에는 1개의 커피조합이 있다. 리사랄다 주의 커피농가가 그리 많지 않다는 의미다. 조합에서는 커피평가실(lavoratorio)을 두어 조합에 들어오는 커피의 질을 평가해서 등급을 정한다. 커피평가실에는 카타도르가 고용되어 있다.

리사랄다 조합에는 3,500개 커피농가가 회원으로 가입해 있으며 대부분이 영세농가들이다. 리사랄다 조합은 1개의 트리야도라 즉, 1개의 커피정미소와 주 전역에 걸쳐 18개의 커피구입소와 16개의 농자재 판매소를 운영한다. 커피조합은 조합회원뿐만 아니라 비회원으로부터

커피생산자협회 호르헤 움베르토 에체베리 리사랄다 주 지부장 면담

도 커피를 구입한다. 커피조합은 비영리기관이다. 리사랄다 커피조합은 매출액의 1.8% 정도 수익을 확보하여 조합 행정비용으로 사용한다고 한다.

나리뇨 주에는 서부지역과 북부지역에 각각 1개씩 모두 2개의 커피조합이 있다. 서부조합(CafeOccidente)은 1977년에 파스토 시에 설립되었다. 현재 2,100개 커피농가가 회원으로 등록하였고, 20개의 커피구입소와 10개의 농자재창고를 운영한다. 나리뇨 서부에서 생산되는 커피는 강한 산미, 뛰어난 향 및 높은 당도로 널리 알려져 있다. 2005년에 산도네(Sandone) 지방에서 생산된 커피가 콜롬비아 콜롬비아 컵 오브 엑셀런스에서 93.13점으로 우승했고, 2008년에도 차차기(Chachaguí) 지방의 커피가 92.39점을 얻어 최고의 평가를 받았다. 북부조합은 라우니온(La Unión)시에 위치해 있다. 2개 커피조합은 나리뇨 주에서 생산되는 커피의 45%를 구매한다.

05
콜롬비아 국내 커피기준가격

　　콜롬비아 국내 커피기준가격은 커피생산자협회가 정한다. 커피 기준가격은 매일 뉴욕커피거래소(Bolsa de New York) 종가(終價)와 페소화 환율을 고려해서 환산되며 여기에 약간의 프리마(prima)가 더해진다. 프리마는 국제커피기구가 콜롬비아에 정한 지수와 아라비카 품종 커피 지수 간의 차이로 환산된다.

　　2021년 12월 30일 뉴욕커피시장의 커피가격은 파운드당 2달러 28센트였다. 이를 토대로 콜롬비아 커피생산자협회가 정한 콜롬비아 커피기준가격은 125킬로그램당 2,120,000페소다. 이는 대충 그 당시 미화 1달러당 3,900페소, 환율로 환산하면 543달러이다. 이 기준가격은 3개의 가격조정 요소에 따라 더해지거나 감해진다. 이 3개 요인은 생산지역, 생두지수(Factor de Rendimiento) 및 오염도다. 생산지역에 따라 2,000페소 정도 더 높거나 낮다.

　　2021년 12월 30일 가격기준표에 따르면 산타 마르타(Santa Marta)시 소재 알마카페가 구입하는 커피가격이 가장 높고, 쿠쿠타(Cúcuta) 알마카페 가격이 가장 낮다. 생두지수에 따라서 기준가격의 가감이 있다. 생두지수는 70킬로그램의 흠 없는 생두를 얻는 데 필요한 페르가미노 커피의 무게이다. 생두의 무게는 페르가미노 커피 무게에서 껍질 무게 그리고 흠 있는 커피콩 무게를 빼면 나온다.

커피생산자협회에서 제시하는 기준가격은 생두지수가 94일 경우로 환산한 가격이다. 즉, 생두지수가 94라고 하면 생두 70킬로그램을 얻는 데 94킬로그램의 페르가미노 커피가 필요하다는 의미다. 생두지수가 94보다 높을 경우 그 커피의 기준가격은 생두지수 94커피의 기준가격보다 낮고, 94보다 낮으면 생두지수 94커피 기준가격보다 기준가격이 높다. 2021년 12월 30일 커피기준가격표에 의하면 생두지수가 89일일 경우, 125킬로그램들이 한 포대당 기준가격은 2,205,375페소인 반면, 생두지수가 99일일 경우는 2,043,625페소다. 따라서 생두지수에서 10포인트 차이가 있을 때는 기준가격에 161,750페소 차이가 발생한다.

카타도르가 커피를 시음할 때 오염요인이 발견될 경우, 그 커피의 가격은 기준가격에서 감해진다. 커피에 페놀성분, 썩은 냄새 또는 화학물질이 느껴질 경우는 기준가격에서 88,000페소, 커피가 발효되어 식초 맛이 느껴질 경우에는 정도에 따라서 20,000~60,000페소, 그리고 매우 쓴맛(reposo)이 있을 경우에는 20,000페소가 감해진다. 쓴 맛이 나는 경우는 보통 커피를 오래 보관했거나, 또는 습도가 12% 이상 되는 곳과 온도가 섭씨 25도 이상 되는 곳에 보관했을 때 종종 발생한다.

2022년 2월 9일 국내기준가격은 2,307,000 페소를 기록했다. 40일 만에 187,000페소나 오른 것이다. 이는 당시 기준으로 콜롬비아 역사상 최고가격이다. 불과 4년 전만 해도 1백만 페소를 간신히 넘는 정도였다. 그날 뉴욕 커피거래소의 1파운드당 커피생두 가격이 2.58달러

TABLA PRECIO INTERNO DE REFERENCIA PARA LA COMPRA DE CAFÉ EN COLOMBIA

Federación Nacional de Cafeteros de Colombia

Diciembre 30 / 2021

La Federación Nacional de Cafeteros de Colombia ofrece a todos los cafeteros la *garantía de compra*, mediante la publicación de un precio base de mercado que se calcula de acuerdo con la cotización de cierre en la Bolsa de Nueva York del día, la tasa de cambio del día y el diferencial o prima de referencia para el café colombiano.

Se adicionarán las bonificaciones para programas de cafés especiales.

PRECIO EXTERNO

Cierre primera posición contrato C Nueva York	228.85	USCent/lb
Cierre segunda posición contrato C Nueva York	228.80	USCent/lb
Cierre tercera posición contrato C Nueva York	228.05	USCent/lb

PRECIO INTERNO DE REFERENCIA

Precio total por carga de 125 Kg de pergamino seco	2,120,000	COP
Precio total de pasilla contenida en el pergamino	7,000	COP

Tabla de precios

ALMACAFE	PERGAMINO $		
	Carga (1) (2)	Kilo	Arroba
ARMENIA	2,120,500	16,964	212,050
BOGOTA	2,119,250	16,954	211,925
BUCARAMANGA	2,118,875	16,951	211,888
BUGA	2,121,250	16,970	212,125
CHINCHINA	2,120,375	16,963	212,038
CUCUTA	2,118,375	16,947	211,838
IBAGUE	2,119,625	16,957	211,963
MANIZALES	2,120,375	16,963	212,038
MEDELLIN	2,119,625	16,957	211,963
NEIVA	2,118,750	16,950	211,875
PAMPLONA	2,118,500	16,948	211,850
PASTO	2,118,500	16,948	211,850
PEREIRA	2,120,375	16,963	212,038
POPAYAN	2,120,625	16,965	212,063
SANTA MARTA	2,122,125	16,977	212,213
VALLEDUPAR	2,119,750	16,958	211,975

PRECIO DE REFERENCIA PASILLA DE FINCA

Precio por punto producido   850   COP

Puntos	Precio por Arroba
60	51.000
50	42.500
40	34.000
30	25.500

1. Para café pergamino con factor de rendimiento 94.00
2. Las cooperativas de caficultores cubrirán, con cargo al precio, todos los costos relacionados con el servicio de acopio de café al productor.

Federación Nacional de Cafeteros de Colombia - Oficina de prensa
Calle 73 No. 8-13 Torre B Piso 12 - Teléfono: 3136600 ext. 1790-1752 Directo:2352262
Bogotá - Colombia
www.federaciondecafeteros.org

콜롬비아 커피생산자협회가 제공하는 일일 국내커피가격표(2021.12.30)

를 기록했다. 2011년 9월 이래 최고가격이라고 한다. 커피가격은 파운드 무게로 매겨지며, 1파운드의 볶은 커피에는 약 1,900개의 커피콩이 들어간다. 약 1년 반 전에는 파운드당 가격이 1.11달러였으니 2배 이상이나 올랐다. 환율도 상승하여 1달러당 4,000페소 내외라 국내커피 가격 인상에는 여러 요인들이 서로 맞아 떨어진 것이다. 로베르토 벨레스 콜롬비아 커피생산자협회장은 2020년부터 상승해온 국제커피가격 추세는 당분간 계속될 것으로 전망했다.

국내기준가격 인상으로 콜롬비아 커피경작자들에게 숨통이 트였다. 농자재가격을 어느 정도 충당할 수 있고, 또 갚지 못했던 빚도 갚을 수 있을 것으로 본다. 그런데 이와 같은 커피가격인상에는 기후변화로 인한 커피 생산 감소 그리고 코로나로 인한 물류대란이 영향을 미쳤다. 특히, 기후변화에 따른 폭우로 브라질의 커피생산이 많이 감축되었다.

피경작자들이 커피가격 상승으로 도움이 되는 것은 확실하지만 인플레로 인하여 비료나 농약 등 농자재가격도 상승하고 있다. 라 니냐 현상에 따라 우기가 길어지는 데 따른 커피농가의 피해가 예상되며 생산량도 감축될 것으로 본다. 그런데 언제까지 커피가격이 고공행진을 하지는 미지수다. 벨레스 커피생산자협회장이 당분간 고가격을 유지할 것으로 예상했지만, 일부에서는 2023년부터 브라질에 추가로 확대한 40만 헥타르 커피경작지에서 커피생산이 시작되기 때문에 브라질의 커피생산량이 7천만 포대까지 확대될 것이고, 그에 따라 커피가격이 하락할 것으로 보고 있다.

커피가격이 계속 상승하자 엉뚱한 부작용도 발생했다. 선물거래계약이 문제가 되었다. 커피가격이 계속 오르자 커피생산자들이 생산한 커피를 약속한 시점에 커피조합에 인도하지 않는 것이다. 2022년 7월 중순 7,474개 커피농가가 선물거래계약을 위반하였고 그 규모는 1억 달러 이상이라고 한다. 이에 따라 선물거래로 커피를 구입한 많은 커피조합들이 위기상황에 처해있다. 일부 조합은 파산할 것으로 알려졌다.

이와 같은 선물거래계약 미이행은 즉각적으로 국가커피기금의 운용에 어려움을 가중시킨다. 왜냐하면 커피조합의 커피구매자금이 국가커피기금에서 나오기 때문이다. 위에서 말했듯이 커피가격의 변화가 심하고 여러 변수들이 가격의 등락에 영향을 미치기 때문에 장기적인 안목을 가지고 커피산업을 바라보고 사업을 계획하고 정책을 마련해야 한다.

06
콜롬비아 커피의 원산지보호 명칭

　필자는 2011년부터 2014년까지 3년 6개월 콜롬비아에 근무하면서 32개 주 중에 22개 주를 방문하며 많은 콜롬비아 기업인들과 대화하는 기회를 가졌다. 에헤 카페테로를 방문하면서 아쉬웠던 것은 다양한 기후와 토양에서 생산된 다양한 맛의 커피가 그저 '콜롬비아 커피'라는 이름으로 뭉뚱그려서 팔린다는 것이었다. 따라서 각 지역 상공회의소에서 기업인들을 대상으로 강연하거나 그들과 대화하면서, 와인처럼 커피상품에도 생산지역, 생산자, 생산시기, 재배지 고도 등을 기재하여 다른 커피들과 차별화를 해야 한다고 역설했었다.

　생산된 커피를 섞어서 '콜롬비아 커피'로만 팔지 말고 지방별, 생산자별로 생산된 커피를 스페셜티 커피로 포장해서 판매해야 이윤을 극대화할 수 있다고 강조했다. 그들의 이해를 돕기 위해 쌀 포대에 생산자의 사진까지 넣어 홍보하는 한국 쌀 재배농가들의 판매 전략을 소개했다. 프랑스, 이태리, 스페인 등 와인 생산국들이 자체적인 원산지보호명칭 제도를 운영하면서 명칭사용과 와인 퀄리티를 철저하게 통제하며, 평가결과를 토대로 와인의 등급을 정한다는 것도 얘기했었다.

2020년 6월 콜롬비아에 다시 특임공관장으로 부임하여 코로나로 1년여 활동을 못하다가 2021년 하반기부터 지방을 방문하기 시작했다. 슈퍼마켓에 진열된 커피를 관찰하면서, 첫 번째와 두 번째 근무 사이 6년여 공백기간 동안 콜롬비아 커피산업에 커다란 변화가 있었음을 알아차렸다. 우선 콜롬비아 커피경작자들의 스페셜티 커피에 대한 인식이 크게 제고되었다. 또한 과거보다는 많은 종류의 커피상품이 소비자에게 소개되고 있었다. 커피상품에도 유용한 정보가 많이 수록되어 있었다. 필자가 첫 번째 근무 당시 얘기하고 다녔던 것들이 실제로 이루어진 것을 보는 기쁨이 컸다.

2005년에 산업통상감독청은 콜롬비아 커피생산자협회 요청으로 부령(Resolución 4819)을 제정하여 콜롬비아 커피의 원산지 명칭(Denominación de Origen)을 보호하기로 했다. 2011년부터 2017년까지 6개 지역에 원산지 지역명칭(Denomicación de Origen Regional)을 부여했다. 산업통상감독청은 원산지명칭 사용을 허가하는 권한을 커피생산자협회에 부여했다. 따라서 원산지명칭을 사용하고자 하는 커피경작자들은 원산지명칭사용신청서(Formulario DO)를 작성하여 해당 웹사이트(propiedad.intelectual@cafecolombia.com)로 보내어 필요한 절차를 거치면 된다. 지역별 원산지명칭으로 보호되는 지방과 그 지방의 커피의 특성은 다음과 같다.

☕ 우일라 원산지(Huila DO)

우일라 주는 콜롬비아 남서부의 중앙산맥과 동부산맥으로 둘러싸인, 막달레나 강이 발원되는 지역으로, 콜롬비아에서 커피를 가장 많이 생산하는 주다. 이곳에서 생산되는 커피는 마일드 아라비카 워시드

(café arábico lavado suave)로 전반적인 균형감, 적절하거나 강한 신맛, 중간 또는 높은 정도의 바디, 강한 과일 또는 캐러멜 향을 지닌다. 이와 같은 특성은 구름 낀 날씨로 인한, 하루 3.5시간 정도의 일조량, 일정한 기온, 1,000~2,200미터 고도의 재배지 등 조건에 기인한다. 산업통상감독청은 2013년에 우일라 DO 보호를 결정하였고 원산지명칭 사용 허가 권한을 커피생산자연합에 부여하였다.

☕ 나리뇨 원산지(Nariño DO)

나리뇨 주의 위치는 콜롬비아 남서부 중앙 및 서부산맥과 태평양 연안에 이르는 지역으로 에콰도르와 접했다. 이곳의 토양은 많은 영양분을 함유하고 있으며, 다른 커피재배지역에 비해 고도가 높고 기온이 낮다. 따라서 열매가 성숙하는 데 오랜 시간이 걸리며 그럼으로써 커피열매에 당분이 많이 축적된다. 높은 산도가 특징이며, 중간바디로 부드러우며 깨끗한 맛 그리고 강한 향을 지니고 있다. 2011년에 지역원산지 명칭으로 보호되었다.

☕ 산탄데르 원산지(Santander DO)

산탄데르 지방은 산탄데르(Santander)와 노르테 데 산탄데르(Norte de Santander) 2개 주가 속한 동부산지의 끝자락에 위치해 있다. 콜롬비아에는 예수회 선교사들에 의해 1723년에 베네수엘라로부터 처음으로 커피가 들어와 재배되기 시작했다. 당시 커피가 처음으로 재배된 곳이 바로 베네수엘라와 인접한 산탄데르 지역이었다. 1870년대에는 콜롬비아 커피의 90%가 산탄데르에서 생산될 정도로 이 지역은 콜롬비아 커피 주산지였다. 콜롬비아에서의 커피주산지는 시간이 가면서 에헤 카페테로를 거쳐 콜롬비아 남부로 이동했다. 산탄데르 커피는 균형감, 중간 또는 높은 바디, 중간 정도의 신맛, 풀과 과일 향을 지닌 단맛, 어느 정도의 감귤 향을 지니고 있다. 이곳에서는 커피나무를 그늘에서 재배하여 커피열매가 늦게 성숙된다. 2014년에 지역 원산지보호 명칭을 부여받았다.

☕ 시에라 네바다 원산지(Sierra Nevada DO)

안데스 산맥은 칠레 남쪽에서 태평양 연안을 따라 북쪽으로 올라오다가 콜롬비아에서 3개로 갈라져 약간 우회전하여 대서양 방향으로 이어지다가 낮아져 사라진다. 3개 산지 중 동부산지는 낮아져서 평지로 사라졌다가 대서양 연안 가까운 곳에서 다시 치솟아 올라 시에라 네바다(Sierra Nevada de Santa Marta) 산지를 형성했다. 그 산지의 꼭대기에는 크리스토발 콜론과 볼리바르 2개의 봉우리가 있으며 높이가 5,775미터에 이른다. 시에라 네바다에는 인디언 부족 마을들이 산재해 있다. 이 지역은 2017년에 커피 원산지보호 명칭을 받았다.

시에라 네바다 지역은 막달레나(Magdalena), 과히라(Guajira) 및 세사르(Cesar) 3개주가 공유하고 있으며, 33개 시에서 커피를 생산한다. 이 지역 커피는 균형감을 지닌 깨끗한 맛과 중간 또는 높은 바디, 중간 정도의 신맛, 초콜릿 맛, 견과류 향의 단맛을 지닌다. 이 지역 토양은 영양분이 많지 않은 점토이며 기후는 풍부한 일조량과 높은 습도, 적은 강수량이 특징이다. 이러한 특성으로 커피나무는 그늘에서 재배된다.

☕ 톨리마 원산지(Tolima DO)

톨리마는 콜롬비아 중부지역의 중앙산맥 동쪽 사면과 중앙산맥과 동부산맥 사이의 평지부분으로 구성된 주다. 2017년에 지역원산지보호 명칭을 부여받았다. 이 지역 커피는 신맛, 중간 또는 높은 바디, 마일드하고 깨끗한 맛을 지니며, 균형감과 더불어 감귤류와 과일향을 겸비한 단맛을 가지고 있다. 이 지역 기후는 1년에 2회 커피 꽃을 피게 하는 더운 기후로 우기가 길다. 토양에는 모래가 섞여 있다.

☕ 카우카 원산지(Cauca DO)

이 지역은 카우카(Cauca) 및 바예 데 카우카(Valle de Cauca) 2개 주로 구성되어 있으며, 나리뇨 주의 북쪽 그리고 우일라 주의 서쪽에 위치해 있다. 2개 주의 면적은 중앙산지의 서쪽 사면과 서부산지 그리고 태평양연안까지 포함한다. 카우카 지역 커피는 나리뇨 주와 마찬가지로 강한 신맛이 특징이다. 중간 바디, 일반적인 균형감과 부드럽고 깨끗한 맛을 지닌다. 꽃향기를 겸비한 단맛과 카라멜 향이 가미된 강한 맛도 가지고 있다. 기후는 강한 일조량과 연중 균일한 기온이 특징이며, 높은 산맥이 태평양에서 불어오는 강한 바람과 높은 습도를 막아준다.

07
엠바하도르 후안 발데스

　　후안 발데스(Juan Valdez)는 사람 이름인 동시에 커피상표 이름이다. 뉴욕의 광고회사 도일 댄 베른바흐(Doyle Dane Bernbach)는 콜롬비아 커피생산자협회의 요청으로 1958년에 후안 발데스 상표를 만들었다. 이 상표는 미국시장에서 '100% 콜롬비아 커피'를 다른 혼합 커피와 구별하여 홍보하기 위해 만들어졌다. 상표가 만들어진 직후 커피생산자협회는 후안 발데스 모델을 TV광고로 내보내는 등 적극적인 광고를 한 결과, 콜롬비아 커피에 대한 인기가 3배나 상승했다. 많은 로스팅 업체들은 블렌딩 커피에 콜롬비아산 원두가 들어간 것을 부각시켰으며, 콜롬비아산 생두를 100% 사용한 브랜드를 만든 로스팅 업체도 대폭 늘었다.

　　최초의 후안 발데스 모델은 콜롬비아 사람이 아닌 쿠바의 배우 호세 두발(José Duval)이었다. 아마도 뉴욕의 광고회사는 국적에 상관없이 잘생기고 스페인어를 구사하며 적절한 비용으로 쉽게 구할 수 있는 모델을 선정했을 것이다. 그는 10년간 임무를 수행했다. 2대 모델로는 콜롬비아인 카를로스 산체스(Carlos Sanchez)가 선발되었고, 37년간 후안

후안 발데스 커피 로고

발데스를 대표했다. 산체스는 실제로 안티오키아 주에서 커피를 경작하는 농부였으며 2018년 83세로 사망했다. 3대 모델 카를로스 카스타녜다 세바요스(Carlos Castañeda Cevallos)는 안티오키아 출신으로 2006년에 공모과정을 통해 380명의 후보 중에서 선발되었다.

콜롬비아 커피생산자협회와 커피조합은 실제로 커피농사를 잘 알며 홍보활동에도 적합한 모델을 원했다. 커피종류를 잘 아는 것은 물론, 새벽 5시에 커피농장에서 일한 경험이 있으며, 노새에 커피자루를 능숙하게 실을 줄 알아야 했다. 많은 기자들 앞에서 냉정함을 유지할 수 있고, 의전도 알며 모델이나 배우 자질도 갖춘 미남이어야 했다.

3대 모델 카스타녜다의 가족은 증조할아버지 시절부터 커피농사를 지어온 커피농이었다. 카스타녜다는 어릴 적 변호사가 되는 게 꿈이었으나 가정 사정으로 초등학교 4학년 과정만 마치고 아버지의 농사일을 돕기 시작했고 8년 동안 직접 커피를 경작했다. 친구가 준 복권이 당첨되어 받은 자동차를 팔아서 커피농장을 구입했다.

그는 산 바르톨로(San Bartolo) 마을에서 9년 동안 마을 지도자로 있었으며, 시장에서 친구와 맥주를 마시다가 커피조합 직원의 권유로 캐스팅되었다. 후안 발데스 모델은 저명인사다. 카스타녜다는 지금도 세계 각지를 방문하며 엠바하도르 후안 발데스(Embajador de Juan Valdez)로서 임무를 수행중이다. 엠바하도르는 영어로 앰배서더(Ambassador)다. 그는 미국 조지 부시 대통령과 오바마 대통령을 만났고, 스페인 왕세자도 만났다.

후안 발데스 상표 그림은 후안 발데스 모델과 콘치타(Conchita)라는 이름의 노새 한 마리 그리고 콜롬비아의 안데스산맥으로 구성되었다. 후안 발데스는 에헤 카페테로의 전형적인 커피농부의 모습이다. 콧수염을 길렀고 솜브레로(sombrero)로 불리는 밀짚모자를 썼다. 소가죽으로 만든 가방 카리엘(carriel)을 어깨에 메고 폰초(poncho)를 걸쳤으며 샌들을 신었다. 폰초는 아무렇게나 쉽게 몸에 걸치는 모포로 안데스 지방에서 흔히 보는 의상이다. 또한 허리에는 작업용 앞치마를 둘렀으며 수풀을 헤쳐 나갈 때 필수적인 마체테(machete) 칼을 차고 있다.

후안 발데스는 지난 수십년 간 콜롬비아 커피를 대변해온 지라 세계 커피소비자들에게 깊이 각인되어 있다. 그 상표의 가치는 엄청나다. 콜롬비아 사람들은 후안 발데스 상표를 미국의 자유의 여신상이나 이집트의 피라미드와 같이 생각한다. 커피생산자협회 자회사인 프로카페콜은 국내뿐만 아니라 세계도처에서 후안 발데스 커피를 유통하고 커피점도 운영한다.

중남미와 카리브지역에서는 에콰도르(47), 칠레(23), 페루(14), 볼리비아(11), 파라과이(10), 엘살바도르(7), 아루바 및 쿠라사오(6), 파나마(3), 코스타리카(3) 그리고 아르헨티나(1)에 후안발데스 커피점이 있으며, 미국(7), 말레이시아(4) 및 스페인(3)에도 점포가 있다. 조만간 쿠웨이트, 카타르 및 터키에도 후안 발데스 점포가 들어갈 예정이다.

프로카페콜은 직접 점포도 운영하는 동시에 슈퍼마켓, 호텔, 도매점 등을 통해서도 커피를 공급한다. 미국에만 6천개 이상, 칠레, 멕시코, 에콰도르, 네덜란드에 각각 400~600의 판매망이 있다. 프로카페콜은 2019년 8,200만 달러의 매출액을 올렸으며, 2021년에는 2018년과 비교하여 해외에서 65%의 성장을 기록했다. 코로나 사태 발발 이후에는 슈퍼마켓 판매와 인터넷 구입 분야에서 실적이 확대되고 있다고 한다.

2022년 현재 포로카페콜 사장은 콜롬비아 안데스 대학교와 미국 하버드 비즈니스스쿨 출신인 카밀라 에스코바르(Camila Escobar)다. 그녀는 야심적인 마케팅을 펼치고 있으며, 후안 발데스를 스타벅스, 던킨, 맥카페, 팀 호톤스(Tim Hortons) 등과 같은 최고의 커피 체인점으로 성장시키려는 계획을 갖고 있다.

후안 발데스 커피점에 진열된 커피상품

콜롬비아 커피의 국제거래

01
국제 커피가격의 부침

    국제커피가격은 부침이 심하다. 시장의 힘과 자연현상 그리고 인간의 탐욕이 복잡하게 뒤얽히면서 하락과 상승의 사이클을 이어오고 있다. 다른 곡물과는 달리 커피는 다년생 작물이라서 커피농장을 만드는 데 많은 투자가 필요하고, 쉽게 다른 작물로 교체하기도 어렵다. 따라서 공급과잉을 조절하기가 쉽지 않다. 커피수요증가에 맞추기 위해 커피묘목을 심더라도 약 4년이 지난 후에야 커피열매를 맺기 때문에 수요증가에 즉각적으로 대응할 수도 없다. 다시 말해서 커피는 공급과 수요가 가격에 탄력적이지 못하다. 게다가 병충해 확산, 전쟁발발, 정치적 격변, 시장조작 등에 따라 커피가격이 춤을 춘다는 문제도 있다.

    19세기 내내 세계 커피시장에서 공급이 수요를 따라가지 못해 커피가격이 고공행진했다. 유럽과 미국에서 산업화가 진행되면서 중남미에서 생산된 커피가 세계 공장노동자들의 잠을 깨우는 자명종 역할을 했다. 커피생산국들은 커피수출을 통해 재정기반을 강화하고 인프라를 확대할 수 있었다. 미국이라는 거대 커피시장의 등장으로 특히, 미국과 가까운 코스타리카에 좋은 기회가 왔다. 당시 코스타리카에서는 커피가 '황금낟알'로 불렸다.

커피수출로 자본이 축적되자 도로망이 구축되고 화려한 건물들이 들어섰다. 수도인 산호세가 '작은 파리'로 불릴 정도였다. 코스타리카 국가재정의 90% 이상이 커피생산과 연결되어 있었다. 브라질도 마찬가지였다. 커피에 대한 재정의존도가 85%를 넘었다. 그러나 곧 커피의 과잉생산으로 과잉공급의 덫에 걸렸다. 수년간 이어진 상파울루 커피 풍작으로 커피가격이 곤두박질했다. 어느새 커피풍작이 두려움의 대상이 되었다. 커피를 태워버리기도 하고 깊은 바다에 수장하기도 했다. 정부의 곳간도 바닥났다.

1929년 대공황으로 경제가 침체되자 커피수요도 줄어들었다. 국제커피가격이 곤두박질쳤다. 대공황 발발 이듬해에는 브라질의 커피재고가 2,600만 포대까지 쌓였다. 브라질 정부는 커피나무를 심는 것을 금지했다. 커피콩을 철도용 연료로 사용했으며, 커피에서 알코올, 기름, 가스, 카페인 등을 추출하려는 다양한 시도도 행해졌다. 1937년에 브라질은 1,720만 포대의 커피를 불태웠다. 당시 세계 커피소비량이 2,640만 포대였으니 폐기 규모가 어느 정도인지 짐작할 수 있다.

1950년 한국전쟁이 발발하자 인스턴트 커피가 미군들에게 대량 보급되고 상용화 되었다. 1960년대와 1970년대에는 TV광고와 슈퍼마켓이 등장하면서 가정에서의 커피소비가 증대했다. 다시 세계 커피 수요가 공급을 넘어섰고 커피 붐의 시대가 왔다. 다시 예기치 못한 곳에서 문제가 발생했다. 20세기 말 베트남이 주요 커피생산국으로 등장한 것이다. 커피재배를 시작한 지 10년 만에 콜롬비아를 제치고 세계 2위 생산국이 되었다. 세계 커피시장이 다시 과잉공급 문제에 직면했다. 이에 따라 중남미의 많은 커피농가들이 생산을 포기했다.

커피의 국제가격은 뉴욕과 런던의 커피거래소를 통해 매일 공시된다. 기본적으로 시장의 원칙에 따라 커피 수요곡선과 공급곡선이 만나는 지점에서 가격이 결정되지만, 실제로는 유럽과 미국의 주요 메이저 기업들과 가격변동을 조장하는 투기자본의 입김에 의해 크게 좌우된다. 커피 생산 대국인 브라질과 소비 대국인 미국과 커피가격을 둘러싼 주도권 경쟁은 예나 지금이나 다를 게 없다.

세계적으로 몇 개의 커피 가공기업(tostadora)들이나 유통기업(comercializadora)들이 세계 커피시장에서 가공과 유통을 독점했다. 5개의 커피 생산국들이 커피생산과 수출의 50% 이상을 통제했고 지금도 그렇다. 일종의 소비와 공급의 양자과점(oligopolio bilateral) 형태다. 특히 국제커피협정이 국제커피시장을 지배할 당시에 더욱 그러했다. 매점매석과 가격단합이 이상한 게 아니었다. 공급과 유통을 조절함으로써 커피가격을 쥐락펴락했다. 정도와 형태의 차이는 있으나 지금도 그러한 관행이 국제커피시장에 존재한다.

국제커피시장에 영향을 미치는 여러 가지 구조적 요인들이 있다. 과학기술의 발달로 병충해에 대한 통제가 어느 정도 용이해졌으며 그로인해 커피생산자들은 과거보다 커피공급의 탄력성을 갖게 되었다. 베트남과 같은 새로운 커피생산자들이 출현했고 앞으로도 그럴 것이다. 커피생산의 강국 브라질이 계속 커피생산을 증대시킬 여력이 크다.

커피생산국들 간의 합의에 따른 커피공급시장 통제도 더욱 어렵게 되었다. 커피생산국들은 미국 하와이 등 일부를 제외하고는 소득이 낮은 국가들이라 취약한 경제구조를 지니고 있다. 커피생산국 환율도 늘 불안하게 움직인다. 커피시장을 불안하게 하는 또 하나의 요인은 커피 생산량 증가가 소비량 증가보다 크다는 점이다. 이러한 요소들로 인하여 커피시장이 출렁거린다.

커피시장은 곡물시장과 유사하다. 필자가 아르헨티나에 근무할 때, 브라질과 아르헨티나의 곡물시장이 카길, 번지, 드레이푸스 등 곡물메이저들에 의해 장악되어 있음을 목격했다. 국제곡물가격과 국제커피가격 결정에 생산자들의 입장은 도외시된다.

그래도 아르헨티나 곡물 농장주들은 500헥타르 이상의 토지를 보유한 지주들이기 때문에 곡물가격에서 불이익을 받더라도 버틸 수 있다. 그러나 콜롬비아 커피경작자들은 4헥타르 미만의 소농들이기 때문에 커피가격이 하락하면 즉각적으로 생존의 위협에 직면하게 된다.

지금 세계 커피시장은 중국에 기대를 건다. 2015년 중국인들의 1인당 커피소비는 83그램에 불과했다. 이는 한 사람당 1년에 5잔 정도다. 스타벅스가 전통차 소비에 익숙한 중국인들의 입맛을 바꾸기 위해서 안간힘을 쓰고 있다. 19세기 유럽과 미국에서 발생한 산업혁명으로 커피산업에 부흥이 일어났듯이 중국에서의 커피소비 증가는 세계 커피산업에 청신호가 될 것임에 틀림없다.

02
국제커피협정의 와해와 커피자유화

1962년 11월 유엔본부에서 31개 커피생산국과 22개 커피소비국이 참여한 가운데 제1차 국제커피협정(International Coffee Agreement)이 체결되었다. 이 협정은 당시 국제커피시장의 95%를 관할하게 되었다. 협정의 핵심은 적정가격으로 수요와 공급의 균형을 도모하여 안정된 커피시장을 구축한다는 것이다. 안정된 커피가격을 유지하기 위해 커피생산국에게 수출쿼터를 부여하고 잉여생산량에 대해서는 커피생산국에 일정한 혜택을 제공하는 것이다.

고용, 급여, 소비능력, 커피 생산자의 노동 및 생활조건을 옹호하고 커피 소비를 확대하기 위해 노력한다는 내용도 있다. 이 협정을 기반으로 런던에 본부를 둔 국제커피기구(ICO: International Coffee Organization)가 탄생했다. 국제커피기구는 40여 개 커피생산국들에 대한 수출쿼터를 어떻게 정할지를 논의하고, 커피의 상한가와 하한가를 결정하는 임무를 부여받았다. 커피생산국들 간 그리고 커피생산국과 소비국간의 이해를 조정하는 중재자의 역할을 담당하게 된 것이다. 국제커피기구의 중재로 30년 동안 4개의 국제커피협정이 체결되었다.

1962년 협정 이외에 1968년, 1976년 및 1983년 협정이 있다.

1989년에 커피협정이 와해되었다. 새로운 커피협정이 도출되지 못하자 1983년 커피협정이 폐지된 것이다. 커피생산국들은 자유경쟁체제에 진입하게 되면서 커피시장이 과거와는 전혀 다른 새로운 환경에 처하게 되었다. 그 해에 베를린 장벽이 무너졌다. 세계 정치사에서도 엄청난 변혁이 일어났다. 자본주의가 공산주의에 승리하자 자유시장경제체제가 세계를 압도했다. 경제적 개인주의가 모든 원칙들에 우선시되었다. 시카고 학파가 세계 도처에서 득세했다. 중남미에서도 워싱턴 컨센서스 가이드라인이 경제정책에 적용되면서 보호주의가 발 디딜 곳을 잃었다. 이러한 분위기가 커피시장의 자유화 분위기 형성에도 영향을 미쳤을 것으로 짐작된다.

커피시장이 자유화되자 2,500만 포대의 커피가 시장에 쏟아져 나왔다. 1989년 세계 수출량의 33%나 되는 엄청난 규모였다. 그러자 1989년 협정 폐기 이후 4년 기간 동안 커피가격이 40%나 폭락했다. 그 여파로 콜롬비아에서도 커피생산이 줄어들었고 커피산업 및 커피수출 침체로 국가커피기금이 적자에 직면했다. 커피생산국들이 위기에 봉착하게 되자 커피소비국들에 소재하는 대형 로스팅 기업들과 커피유통 기업들의 파워가 커졌다.

커피산업이 자유경쟁체제로 진입하면서 커피생산국들은 각자도생 국면으로 접어들었다. 콜롬비아 정부와 커피생산자협회도 새로운 환경에 적응하기 위해 다양한 방안을 강구하게 되었다. 스페셜티 커피 생산을 장려했다. 구체적으로 원산지 커피(café de origen), 기술화 적용 커피(café tecnificado) 및 지속가능한 커피(café sostenible) 생산을 장려했다. 커피생산자협회는 프로카페콜(Procafecol)을 설립하고, 고급 콜롬비아 커피 상품을 취급하는 후안 발데스 커피숍을 운영했다. 원산지 지명 표기제도를 도입하였고 커피문화경관을 선포하였다. 차별화 정책을 도입한 것이다.

커피산업의 경쟁력을 강화하기 위해서 기존의 커피관련 조직을 개편하고, 커피산업의 다양성을 인정했다. 커피 비즈니스의 수익성을 높이기 위해 노력했고 국가커피기금의 운용을 개선했다. 시장의 실패가 있는 경우에 커피생산자에 유리한 가격정책을 실시했다. 국가커피기금과 정부의 역할을 분리하고, 규제와 수출 간의 갈등을 해소하며 생산성 향상을 위해 모범적인 농업관행을 전파하였다.

03
7대 콜롬비아 커피 수출기업

콜롬비아는 브라질 및 중미국가들과 비교할 때 중남미에서 커피재배나 커피산업 진출이 늦었다. 초기에 커피수출은 대형농장들 중심으로 이루어졌다. 20세기 들어서면서 수출량이 확대되자 커피수출기업들은 런던과 뉴욕에 사무소를 열었다. 뉴욕에 사무소를 둔 한 콜롬비아 대기업의 수출량이 콜롬비아 총 커피수출의 25%를 차지하기도 했다. 그러나 커피가격이 하락하고 은행대출이 막히면서 국내 수출기업들이 도산하였고, 파이낸싱 능력을 갖춘 대형 국제수출기업들이 출현했다. 그러나 1927년에 콜롬비아 커피생산자협회가 설립되고 1940년에 국가 커피기금(Fondo Nacional de Café)이 설립되면서 커피유통을 주도했고, 그러자 대형 국제수출기업들도 쇠퇴했다.

콜롬비아 커피생산자협회 홈페이지에 콜롬비아 커피 수출기업 명단이 잘 나와 있다. 매월별로 어느 기업이 어느 만큼의 커피를 어느 나라에 수출했는지 나온다. 대충 훑어보더라도 수출물량이 많은 기업들의 이름이 반복되는 것을 알 수 있다. 물량이 크지는 않지만 매월 5~10개 기업이 꾸준히 한국에 커피를 수출하고 있다.

수출규모가 가장 큰 기업은 바로 콜롬비아 커피생산자협회다. 커피생산자협회는 100년 가까운 운영기간 동안 콜롬비아 커피산업을 발전시켜왔으며 커피산업을 좌지우지했다. 물류분야 산하기업인 알마카페가 수출절차와 수출업무를 수행한다. 커피생산자협회에서 뉴욕커피시장 가격과 환율 등을 감안하여 매일 커피기준가격을 설정하면, 커피조합이 그 가격을 기준으로 커피경작자들에게서 커피를 구입한다. 이후 조합들은 커피를 알마카페에 5~6% 정도의 이윤을 붙여서 판매하며, 알마카페는 페르가미노 커피를 생두로 가공하고 포장하여 수출한다.

두 번째로 '카페테라 라 메세타(Cafetera La Meseta)'가 있다. 칼다스 주 친치나(Chinchina) 시에 소재하며 1983년에 창설된 콜롬비아 국내기업이다. 795헥타르의 커피경작지를 보유하고 있으며 매년 70킬로그램 들이 9만 포대의 커피를 생산한다. 자체 생산물량뿐만 아니라 안티오키아, 칼다스, 톨리마, 나리뇨 및 우일라 주에서 생산한 커피도 받아서 46개국에 수출한다. 수출물량의 50% 정도가 미국으로 나가며, 독일, 일본, 벨기에, 한국, 캐나다 등이 수출대상국이다.

세 번째 기업은 패밀리 기업인 '라카페(Racafé & Cia)'다. 1953년에 설립되었으며, 기예르모 에스피노사(Guillermo Espinosa) 사장이 38년간 운영해오고 있다. 230개 이상의 지역에서 760개 이상의 커피농가로부터 커피를 구매한다. 이 기업의 비즈니스 영역은 커피뿐만 아니다. 아프리카 팜(Palma Africana) 열매를 가공하고 연초도 생산한다. 콜롬비아는 중남미에서 최대의 아프리카 팜 열매 및 팜유 생산국이다.

네 번째 수출기업은 영국기업 ED&F Man Holdings Ltda사의 자회사인 '카르카페(Carcafé)'로 1983년에 설립되었다. 모기업인 ED&F Man Holdings Ltda사는 창설자 제임스 맨(James Man)의 손자인 에드

워드와 프레데릭의 이름에서 비롯되었다. 이 모기업은 금융기업인 Man Group과 원자재 기업인 ED&F Man으로 분리되었으며, ED&F Man은 세계 3대 커피유통기업이다. 이 기업은 현재 50여 개국에 진출하여 세계 커피수출시장의 12%를 점유하고 있다. 커피뿐만 아니라 다른 농산물도 거래하는 세계 유수의 농산물 거래업체다. ED&F Man은 세계적인 권위의 문학상인 '맨 부커 상(Man Booker Prize)'을 운영하는 기업으로도 널리 알려져 있다.

다섯 번째 기업은 '엑스포카페(Expocafé)'다. 콜롬비아 커피조합의 자회사로 1985년에 커피경작자, 커피조합 그리고 커피생산자협회의 합의에 의해 탄생되었다. 엑스포카페의 주인은 커피조합과 커피생산자협회다. 엑스포카페는 커피경작자들이 자신이 생산한 커피를 커피생산자협회를 거치지 않고 직접 수출할 수 있는 수단으로 만들어졌다. 그러나 커피조합 회원농가들은 엑스포카페에 의지하지 않고 자신들이 직접 수입업자들에게 커피를 판매할 수 있다. 커피조합은 현재 500개 이상의 커피구입소(punto de compra)와 11개의 트리야도라, 즉 커피 방앗간을 운영하고 있어서 커피 유통분야에서 유리한 위치를 점유하고 있다.

여섯 번째는 '올람 아그로 콜롬비아(Olam Agro Colombia)'로 올람 인터내셔널 사의 자회사다. 올람 인터내셔널은 코코아, 커피, 면화, 견과류, 양념 등 농산물 가공 및 유통기업으로 1989년 설립되어 싱가포르 주식시장에 상장되었다. 싱가포르 정부의 투자기업인 타마섹(Tamasek)이 53.4% 그리고 일본의 미쓰비시가 20%의 지분을 보유하고 있다. 올람 인터내셔널은 현재 45개 제품을 60여 개국에 유통시키고 있으며, 콜롬비아뿐만 아니라 라오스, 탄자니아, 잠비아, 에티오피아 및 브라질에 커피농장과 공급기지를 보유하고 있는 커피생두 교역의 강자다. 싱가포르, 제네바, 밀란, 뉴욕, 캘리포니아, 함부르크, 슬로베니아의 류블랴나 및 서울에 사무소를 두고 있다. 콜롬비아에서는 커피 이외에 카카오도 구입한다.

일곱 번째는 프랑스 다국적기업 '루이스 드레이푸스(Louis Dreyfus)'다. 1851년 알사스 지방의 18세 소년 레오폴드 드레이푸스에 의해 창설되었다. 그는 알사스에서 밀을 구입하여 스위스에다 팔았다. 유대인 집안이라 제2차 세계대전을 겪으면서 많은 피해를 입었지만 아직도 드레이푸스 패밀리가 회사를 이끌고 있다. 30년 전부터 커피분야에서 비즈니스를 하고 있으며 콜롬비아에는 2007년에 진출했다. 현재 연간 콜롬비아에서 70킬로그램 들이 45만 포대의 커피를 수출한다.

지금까지 살펴본 7개의 수출기업 중 3개가 다국적기업이다. 그 이외에 일본기업을 포함한 여러 외국기업들이 콜롬비아 커피산업에 진출해 있다. 한국도 주요한 콜롬비아산 커피 수입국가다. 국내에서 커피소비가 날로 증가하는 만큼, 우리 커피업계도 커피수입을 외국기업에만 의존하지 말고 세계적인 커피유통기업을 육성할 수 있기를 소망해 본다.

04
미쓰이와 마루베니

　　필자보다 늦게 부임한 일본대사의 예방을 받았다. 보통 대사들이 새로 부임하면 우방국 공관장들에게 인사를 다니면서 얼굴도 알리고 해당국가의 정세도 물어보며 업무에 필요한 조언도 얻는다. 일본기업들은 한국기업들보다 오래전에 콜롬비아에 진출했고, 일본의 콜롬비아 커피수입 역사가 오래되었는지라 일본대사에게 일본기업들의 커피 비즈니스에 관한 정보를 제공해 줄 것을 요청했다. 특히, 보고타에 사무소를 둔 주요 일본 종합상사의 커피수출입 통계나 그 절차 등에 관한 정보가 있으면 좋겠다고 했다. 왜냐하면 일본기업의 콜롬비아 커피 수출입 통계나 무역관행을 살펴보면 앞으로 한국의 커피수입업체들이 해야 할 일 등에 대한 영감을 얻을 수 있기 때문이었다.

　　열흘 정도 지났을 때 일본대사는 이메일로 답변을 보내왔다. 해당 기업들에게 정보를 요청했더니 기업비밀이라고 하면서 완곡히 거절했다고 한다. 그러면서 도움이 될지 모른다고 하면서 미쓰이(Mitsui)와 마루베니(Marubeni) 상사가 작성한 것으로 보이는 간략한 자료를 보내왔다. 비록 기본적인 자료이지만 필자에게는 일본 상사들의 커피교역에

마루베니 종합상사 로고

관해 아무런 자료도 없었던지라 고맙게 받았고 감사를 전했다.

　다음은 일본상사 자료에 나타난 통계다. 2019년 세계 커피생산량은 1천만톤을 약간 상회하고, 브라질이 세계생산량의 30%, 베트남 16.8%, 콜롬비아 8.8%, 인도네시아가 7.6%를 차지했다. 에티오피아, 온두라스, 페루 등이 그 뒤를 이었다. 같은 해 세계의 총 커피수입량 중에서 미국이 47%, 독일 9%, 일본 7%, 벨기에 5%, 캐나다 4%, 한국이 4%를 차지했고 이탈리아, 스페인, 영국, 호주, 스칸디나비아 국가들이 뒤따른다. 한국은 39만톤을 수입했고, 일본은 한국보다 두 배 많은 79만톤을 수입했다. 일본의 인구가 우리나라보다 두 배 조금 더 되므로 양국 국민의 개인당 커피소비량은 얼추 같다고 보면 된다.

　브라질이 세계에서 가장 많은 커피를 생산한다는 것은 널리 알려졌지만, 미국이 압도적인 수입 1위 국가라는 것은 필자도 처음 알았다. 콜롬비아가 우리나라와 외교관계도 없는 먼 나라였음에도 불구하고 한국전쟁에 군대파병을 결정했었던 여러 가지 이유 중 하나가 커피와 바나나였다. 당시 콜롬비아는 자국산 커피와 바나나의 50% 이상을 미국에 수출하고 있었기 때문에 최대고객인 미국의 파병요청을 거절할 수 없었다. 한국전 파병 당시 콜롬비아 경제에서 커피산업이 차지하는 비중이 지금보다 훨씬 컸을 것으로 짐작된다. 예나 지금이나 경제외교가 중요하다.

　미쓰이 자료에 의하면, 2020년 일본은 콜롬비아로부터 약 51만톤의 생두를 수입했다. 콜롬비아로부터의 수입량 중 미쓰이가 42.3%, 마루베니(Marubeni) 15.7%, MC Agri Alliance 13.9%, 이토추(Itochu) 11% 그리고 네슬레 일본이 6.1%를 차지했다. 네슬레를 제외하고 모두 일본기업이다. 미쓰이 보고타지사는 콜롬비아에서 생두뿐만 아니라 커피엑기스, 커피오일, 냉동건조 인스턴트 커피, 디카페인 생두, 커피에서 추출된 카페인 등도 가져간다.

재미있는 통계가 하나 있다. 미국시장에 콜롬비아 생두를 수출하는 기업들의 수출비중 통계다. 콜롬비아는 2020년에 미국에 246만톤의 콜롬비아산 생두를 수출했다. 콜롬비아산 생두를 미국으로 수출하는 기업으로 스타벅스가 21.5%로 단연 1위고, 미쓰이가 미국에 설립된 자회사 MCT(Mitsui Coffee Trading US)가 7.6%로 4위를 차지했다. 7.6%를 실제 수출량으로 환산하면 18만 7천톤이다. 이는 일본이 콜롬비아로부터 수입한 콜롬비아 커피의 3.6배가 넘는 규모다. 일본기업이 남의 나라에 와서 그 나라 상품을 남의 나라로 수출하면서 버는 돈이다. 일본 종합상사의 힘이다. 우리나라 종합상사들도 눈여겨 볼 만한 대목이다.

일본 종합상사는 1800년대 후반 에도시대 말기 부국강병을 목적으로 설립되기 시작했으며, 해외시장을 개척하여 해외자원을 국내에 조달하는 역할을 맡았다. 그러한 전통이 살아있어 지금도 여전히 철광석이나 원유, 곡물 등 자원개발과 원자재 유통에 강하다.

콜롬비아에서는 연중 커피가 생산된다. 생산농장의 고도에 따라서 커피생산 시기는 달라지기 때문이다. 중부지역에서의 커피수확은 4~6월 그리고 9~12월 두 차례 이루어진다. 생산량이 많은 중심수확시기를 스페인어로 코세차 프린시팔(cosecha principal), 수확량이 적은 부차적인 수확시기를 코세차 미타카(cosecha mitaca)라고 한다.

첫 반기에 중심수확기, 두 번째 반기에 부차적인 수확기를 맞는 지역은 쿤디나마르카, 나리뇨, 카우카, 톨리마, 우일라, 킨디오 및 바예 데 카우카 지역이다. 반대로 두 번째 반기에 중심수확기, 첫 번째 반기에 부차적인 수확기를 맞는 지역은 안티오키아, 칼다스, 리사랄다, 바예 데 카우카, 보야카, 및 우일라 지역이다. 양 수확기에 생산량이 동일한 지역은 리사랄다, 톨리마, 바예 데 카우카, 킨디오, 칼다스, 쿤디나마르카, 우일라, 카우카 및 보야카 지역이다. 1년에 1회 수확이 이루어지는 지역은 세사르, 막달레나, 과히라, 노르테 데 산탄데르, 산탄데르 그리고 안티오키아 일부지역이다.

미쓰이 자료에는 지역별 수확시기가 보다 구체적으로 수록되어 있다. 산탄데르 주는 4~7월 그리고 9~12월, 보야카 주는 10월~이듬해 3월, 우일라 주는 3~7월 및 9월~이듬해 1월, 나리뇨 주는 4~7월 그리고 10~11월, 톨리마 주는 4~6월 및 10~12월, 안티오키아 주는 4~6월 그리고 9~12월 마지막으로 킨디오 주에서는 3~6월 그리고 10월~이듬해 1월 기간 중 커피가 생산된다.

이 자료를 보면서 일본의 철저한 기록문화가 생각났다. 일본사람들을 대하다 보면 언제나 기록에 충실한 모습을 본다. 잘은 모르지만 아마도 일본 종합상사들은 콜롬비아 커피생산지역을 모두 섭렵했고 또 상세한 기록을 남겼을 것이다. 반면에 우리나라 사람들은 기록에 약하다. 기록을 남기기 싫어하는 경향도 있다. 사람이 바뀌면 아무도 과거에 일어났던 일들을 모르게 되고 그러니 처음부터 일을 다시 배우면서 시작해야 한다. 전형적인 비효율 사례다.

마루베니 자료에 의하면, 일본은 2019년에 총 43만 7천톤의 커피를 외국에서 수입했다. 그중 콜롬비아에서 수입한 것은 6만 2천톤이다.

콜롬비아 커피생산지별 커피수확시기

위에서 언급한 마쓰이 상사의 2020년 콜롬비아 커피 수입량 통계와 상당한 차이가 있다. 연도도 다르고 통계방법에도 차이가 있을 수 있고, 커피가공품의 포함여부에 따라 통계가 달라질 수 있다고 본다.

일본은 브라질에서 15만 5천톤, 베트남 8만 7천톤, 인도네시아 3만 4천톤, 과테말라 2만 9천톤 그리고 기타지역에서 8만 9천톤을 수입했다. 또한 마루베니 통계로는 2019년에 마루베니가 일본의 총 커피수입량의 30%를 수입한 것으로 되어 있다. 마쓰이 통계에 의하면 2020년에 마루베니의 수입비중이 15.7%였다. 어떤 통계를 사용하든 콜롬비아 커피의 일본 커피시장 점유율은 제3위다.

미쓰비시(Mitsubishi)도 콜롬비아 커피와 인연을 맺고 있다. 2014년에 콜롬비아 누트레사 그룹과 조인트벤처 협정을 체결하였고, 그에 따라 아시아 커피시장 개척을 위해 말레이시아 쿠알라룸푸르에 '오리엔

탈 커피 얼라이언스(OCA: Oriental Coffee Alliance)'를 설립하였다. 양측은 각각 50% 지분을 보유한다.

일본의 커피유통시장 진출의 역사는 한국보다 길다. 우리나라 보다 먼저 개항을 했고 외국문물을 적극적으로 받아들였기 때문에 커피문화도 일찍 유입되었다. 일본에서 커피수입이 본격화된 것은 1854년 개국 이후다. 초기에는 일본에 체류하는 외국인을 위한 것이었으나 메이지 유신시대로 접어들자 시내에 일본인들을 위한 커피점과 커피수입 식품점이 생겨났다. 처음에 수입된 커피는 주로 브라질산이었으나 1930년대가 되자 콜롬비아와 코스타리카 커피가 수입되었고 그 이후에 자메이카에서 블루마운틴 커피가 들어왔다.

일본의 블루마운틴 커피독점은 누구도 다 아는 사실이다. 1929년 세계경제불황으로 자메이카의 커피산업도 위기에 직면하자 일본이 자메이카 커피산업의 구세주로 나타났다. 19세기 하반기에 추진한 하와이 이민정책으로 일본 이민자들은 하와이에서 커피농업기술을 축적했고, 세계에서 최고의 커피로 알려진 '하와이안 코나 커피'의 70~80%가 일본인들이 생산하는 상황이었다.

일본은 자금난에 처한 자메이카 정부에 차관을 주고 그 대가로 블루마운틴 커피를 전량 인수하기로 했다. 일본은 하와이에서 습득한 커피재배기술을 자메이카에 전수했다. 아울러 자메이카커피산업협회로 하여금 품질보증서 제도를 도입하게 하여 고급품질의 커피를 만들어 냈다. 마케팅에도 관여했다. 블루마운틴 커피는 다른 커피와 달리 오크통에도 포장하여 판매되며 커피의 황제라는 영광스러운 이름을 얻었다.

05
커피의 직거래

    나리뇨 주 탕구아 지역 오브라헤 농장주 파블로 안드레스 게레로 (Pablo Andrés Guerrero)와 커피 거래에 관해서 많은 대화를 나누었으며, 외국의 수입업자와 커피를 직거래하는 데 많은 어려움이 있다는 것을 알게 되었다. 게레로씨는 콜롬비아 커피경작자들 대부분이 커피직거래가 커피조합이나 커피생산자협회를 통한 거래보다 많은 수익을 가져온다는 것을 잘 알기 때문에 어떻게든 직거래를 모색한다고 한다.

    그러나 콜롬비아 커피경작자 대부분이 교육수준이 낮고 컴퓨터와 인터넷을 잘 다루지 못하며, 언어문제도 있어 수입업자들과의 소통이 어렵다고 한다. 외국인과 직거래 경험도 없을 뿐만 아니라 통관절차도 모른다. 그러니 양질의 스페셜티 커피를 생산할지라도 콜롬비아 커피생산자협회가 정한 국내가격에 커피를 판매할 수밖에 없다.

    게레로 농장주처럼 대학교육을 받았고, 외국어 구사가 어느 정도 가능하며 컴퓨터에 능한 사람일지라도 외국인과의 소통은 쉽지 않다. 물건의 매매는 이해가 첨예하게 걸려있어 소통이 더 어렵고 오해도 유발된다. 거래에 악의가 들어가면 사기사건이 발생한다. 커피생산자들은 커피를 수입업자에 보내기 전에 대금을 먼저 받기를 희망한다. 반면, 수입업자들은 당초 받았던 커피샘플과는 달리, 퀄리티가 낮은 상품을 받을 가능성에 우려한다. 따라서 커피를 먼저 받고 대금을 나중에 지불하려고 한다. 양측 간에 신뢰의 문제가 있는 것이다. 얼굴을 맞대고 상담을 하더라도 오해가 생기는데, 생면부지의 사람들끼리 거래를 하니 신뢰문제가 생기는 것은 어쩌면 당연하다. 직거래를 성사시키는 일이 정말 어렵다.

어느 한국 수입업자의 얘기다. 그는 카타도르 자격을 보유하고 있고 커피산지를 돌아다니며 직접 커핑 후 커피를 거래한다. 커피산지에서 한국으로 돌아오면 방문했던 커피생산자나 수출업체로부터 수십통의 메일이 날아들기 시작한다고 한다. 산지에서 고른 커피샘플이 도착하면 신속하게 커핑을 마치고 구매결정을 내린다고 한다. 머뭇거리다가는 좋은 커피를 다른 업체에 빼앗기기 때문이다.

커피 수확철에는 1천 건이 넘는 커핑을 하며 주문한 커피가 들어오기까지 무역 및 통관 업무를 살핀다고 한다. 주문한 커피들 중에 몇 개라도 품질이 떨어지는 게 있으면 손해가 크다. 커피산지에서 생두 가공부터 수출 과정까지 꼼꼼히 확인하지 않으면 리스크가 증대된다. 어떻게 해도 매년마다 예상하지 못한 사고가 터진다고 한다. 커피바이어에게는 생두구매의 처음부터 끝까지 사고가 터지지 않도록 확인하고 관리하는 일이 가장 중요하다고 한다. 커피 구매자 입장에서 본 커피 직거래의 현실이다.

커피가격변화로 인한 문제도 있다. 2022년 2월 현재 뉴욕커피시장에서 파운드당 커피가격이 2달러가 훨씬 넘는다. 2021년부터 커피가격이 꾸준히 상승하자 커피생산자들이 생산된 커피의 인도를 지연시키거나 거부하는 사례가 생기고 있다. 커피를 좀 더 보관하고 있다가 좋은 값에 팔겠다는 것이다. 특히, 구매자와 판매자가 미래의 특정시점에 특정가격으로 매매하기로 합의하는 선물거래의 경우가 그렇다. 합의한 시점이 도래하면 커피경작자가 합의한 가격에 커피를 인도해야 하나, 낮은 가격에 주자니 배가 아픈 것이다. 특히, 앞에서 언급했듯이 커피 농들과 선물계약을 한 많은 커피조합들이 골머리를 썩고 있다.

과거에는 커피 직거래에 문제가 많지 않았을 것으로 보인다. 커피 거래의 대부분이 대형 다국적기업들에 의해 이루어졌고, 대형거래이다 보니 유통전문가들이 거래를 관장했기 때문이다. 스페셜티 커피에 대한 수요가 늘어남에 따라, 소규모로 거래하는 커피수입업자들이 많이 생겼고, 비용절감을 위해 그들은 산지에서 직접 커피를 구입한다. 그들에게는 정확한 커피농장과 생두제품에 관한 정보, 마케팅에 필요한 스토리텔링, 원하는 생두의 안정적인 공급이 사업 성공의 관건이다. 직거래는 이제 선택과목이 아니라 필수과목이다.

보통의 경우 로스터들은 생두 유통사를 통한다. 생두 유통사는 많은 분량의 다양한 생두를 들여와 저장해놓기 때문에 생두를 구입하는 개인이나 기업은 언제든지 이를 소량으로 공급받을 수 있다. 다만, 희망하는 생두를 유통사가 보유하지 않을 수도 있어 선택범위가 좁다. 거래하던 생두유통사가 영업을 중단할 경우 구입해오던 생두종류를 원치 않게 바꾸어야 한다. 또한 구입하는 생두에 대한 상세한 정보를 얻기도 어렵다. 그래서 수입업자나 로스터들은 생두를 현지에서 직접 구입하려는 욕구가 있다.

커피산지를 직접 방문하는 데는 비용도 많이 들고 위험부담도 있다. 직접 커피를 맛보고 구입규모를 결정해야 하며, 세관 등 무역거래

절차를 소상히 알아야 한다. 커피 산지에서 커핑할 때는 우수한 향미를 보유했더라도 운송과정에서 품질이 변경될 수도 있다. 생두는 시간이 흐르면서 물리적 또는 화학적으로 변화하기 때문이다. 주문한 커피물량을 받기까지 문제가 발생할 수 있기 때문에 판매자와 구매자 간의 신뢰가 중요하다. 커피경작자는 구입업자의 능력이나 인품을 평가하고 과거 거래경험 등을 세심히 살피면서 거래여부를 결정한다.

직거래에 이러한 문제들이 있기에 커피생두 구입을 전문으로 하는 직종이 생겼다. 그린 빈 바이어(green bean buyer)다. 과거에 수입업자가 뛰어난 커핑 능력을 바탕으로 좋은 품질의 생두를 고르고 이를 사오는 게 주요 임무였다면, 이제 그린 빈 바이어는 커핑 능력 이외에 해당지역의 커피경작 및 수확 상황이나 관련제도를 숙지하고, 수시 소통을 통해 커피경작자들과 장기적이고 긴밀한 신뢰관계를 구축하는 게 중요해졌다.

기본적으로 커피의 언어를 잘 알아야 깊이 있는 소통이 가능하다. 전문지식이 부족하더라도 현지 경험이 풍부하고 현지 언어를 구사해야 한다. 친구관계를 만드는 게 중요하다. 소통이 원활하지 않거나 불완전할 경우에는 문제가 발생하나, 문제가 발생하더라도 잘 해결하면 된다. 장기적인 신뢰관계를 구축하려면 상대방의 문화를 알고 이해해야 하며, 조금 손해를 보더라도 가끔은 그냥 넘어가는 지혜도 필요하다.

판매자나 구매자 모두에게 직거래는 어렵다. 그러나 직거래가 양측 모두에게 이익을 가져다주며 커피산업의 새로운 추세임을 부정할 수 없다. 발달된 소통기기와 기술이 보급되고 상응하는 교육이 이루어진다면 직거래 관행이 정착되리라 믿는다. 수입업자들이 현지 커피전문가와 계약을 하거나 사무소를 현지에 차리면 신뢰감의 문제는 해소

될 것이다. 스페인어를 잘하는 콜롬비아 거주 동포와 협력하는 방법도 있다. 커피에 관한 전문성은 약할지라도 현지인들과의 협력관계를 구축할 수 있기 때문이다.

06
증가추세의 한-콜롬비아 커피교역

　　콜롬비아 사람들과 만날 때 콜롬비아 아라비카종 커피에 대한 찬사로 시작하면 대화가 쉽게 풀린다. 한두 개 커피산지의 스페셜티 커피 종류와 맛까지 거론하면 경이롭게 바라보기도 한다. 콜롬비아 커피는 콜롬비아 사람들에게 삶의 방식이고 역사이며 전통이다. 그들의 문화이고 사랑이며 희망이고 열정이다. 그들만의 아이덴티티(identity)인 동시에 그들의 아이콘이다. 그러기에 자국산 커피에 대한 그들의 자부심을 일깨워주고 북돋아주는 것이다. 상대방을 알아주고 인정하고 칭찬하는 것은 대화의 기본이다.

　　한국은 세계 6위의 커피소비국가다. 발표마다 약간의 차이가 있지만 2020년에 총 17만 6천톤, 2021년도에는 18만 9천톤의 커피를 수입했다. 전년도에 비해 7.3%가 증가했다. 2020년도 커피 총 수입액은 7억불 정도였으나 2021년에 9억 1,648만 달러를 기록하여 전년도에 비해 24.2%나 늘었다. 2021년 수입액은 한화로 1조원을 넘었다. 커피수입액이 20년 전보다 13배가량 늘었다. 커피가 단순한 기호식품을 넘어서 한국소비자들의 삶 자체가 되었다.

커피수입액 기준으로 콜롬비아는 한국시장에서 간발의 차이로 2등을 했다. 2021년에 스위스에서의 수입이 1억 3천만 달러, 콜롬비아산 수입액이 1억 2,800만 달러를 기록했다. 이어 브라질, 미국, 에티오피아, 베트남이 그 뒤를 이었다. 스위스와 미국으로부터의 커피수입이 주목할 만하다. 커피가공품을 수입했을 것이다. 커피물량으로는 콜롬비아로부터 3만톤을 수입하여, 브라질, 베트남에 이어 3위를 차지했다. 콜롬비아커피의 한국시장점유율은 커피수입액 기준으로는 약 14%, 수입물량 기준으로는 15.8%다.

콜롬비아산 커피의 한국수입은 연간 20~30% 증가추세다. 우리나라 관세청과 콜롬비아 커피생산자협회 통계에 차이가 있고, 통계에 따라 커피생두만 계산한 게 있고 커피제조품을 포함시킨 통계도 있다. 그러나 큰 추세는 우리나라의 커피시장이 확대되고 있고 그에 따라 수입규모도 늘어나고 있다는 것이다. 특히, 웰빙에 대한 인식이 높아지면서 콜롬비아산 마일드 커피에 대한 한국소비자들의 선호도 또한 높아지고 있다.

한국 도시에는 커피점이 정말 많다. 한국 국세청 통계에 의하면 2021년 말 기준으로 한국의 커피음료점은 83,363개나 된다. 2017년에 비해 88%나 증가했다. 현재 한국에서 커피점 숫자는 편의점이나 패스트푸드점, 노래방 등 숫자보다도 많다. 가장 많은 커피점을 보유한 업체는 '이디야 커피'로 가맹점이 2021년 기준 3,500개나 된다.

2018년 현대경제연구원 조사에 의하면, 한국국민은 성인 1인당 1년에 353잔의 커피를 마신다고 한다. 세계평균 153잔에 비해 2.7배다. 한국인은 커피의 고소한 맛, 진한 맛 그리고 바디감을 선호하는 것으로 알려졌다. 한국소비자들의 커피사랑은 남다르다. 우리나라가 콜롬비아

로부터 들여오는 커피는 대부분 카페인을 제거하지 않은 커피생두(café verde)다.

그러나 카페인을 제거한 생두, 로스트 원두, 인스턴트커피, 인스턴트커피 조제에 필요한 재료도 수입한다. 콜롬비아의 '카페 소카(Café Soca)' 기업은 2021년에 처음으로 한국에 2개 콘테이너 분량의 로스트된 커피를 수출했다. 콜롬비아 커피수출의 85%는 볶지 않은 생두형태로 이루어진다. 남양유업, 동서식품, 네슬레 코리아 등이 콜롬비아 생두와 부가제품을 수입하는 것으로 알려졌다. 한국은 콜롬비아에게 점점 더 중요한 커피시장으로 변모하고 있다.

2021년 10월 대사관에서 멀지 않은 콜롬비아 커피생산자협회 사무실에서 로베르토 벨레스 콜롬비아 커피생산자협회장을 면담했다. 그는 2021년 8월에 이반 두케 콜롬비아 대통령의 국빈방한 시 수행하여 한국을 방문했고, 당시 한국에서 콜롬비아 스페셜티 커피 시음행사에 참석한지라 한국의 커피시장에 대해 훤히 꿰고 있었다.

벨레스 회장은 1990년대 한국을 처음 방문했을 당시에 비해 지금의 콜롬비아 생두의 한국수출량이 대폭 확대되었다며 한국시장에 대한 기대를 나타냈다. 특히, 한국시장에서 인스턴트커피의 비중이 높다고 하면서, 콜롬비아 인스턴트커피의 한국시장 진출에 관심이 크다고 했다. 현재는 동서식품이 콜롬비아에서 생두를 가져와서 인스턴트커피를 생산한다고 했다. 그는 콜롬비아 커피생산자협회 자회사인 부엔카페(Buencafé) 제품의 한국진출을 희망했다. 나아가 콜롬비아 인건비가 저렴하기 때문에 한국기업이 콜롬비아에 투자하여 인스턴트커피를 생산하고 이를 한국에 수출하는 것도 고려해보라고 필자에게 권고했다.

커피의 가공과정 들여다보기

01
디카페인 생두 공정

많은 사람들은 졸음을 쫓고자 커피를 마신다. 우리 몸이 깨어있도록 카페인을 이용한다. 카페인은 우리 몸에서 신경전달물질을 분비하게 하여 혈관을 확장시키고 혈류를 빠르게 만든다. 과도하게 흡입하지만 않으면 우리의 삶에 활력소가 된다. 성인 한 사람의 하루 흡입 카페인의 권장량은 400밀리그램 이하다. 임산부 경우에는 300밀리그램 이하다. 보통 우리가 마시는 커피 한 잔에는 70~140밀리그램의 카페인이 들어있는 만큼, 성인이면 하루에 4잔 이하 그리고 임산부는 3잔 이하를 마시는 게 좋다.

카페인에 민감한 소비자들을 위해 디카페인 커피가 생산된다. 일단 생두를 볶으면 카페인을 분리할 수 없기 때문에 생두 상태에서 카페인을 분리한다. 디카페인 커피라고 해서 카페인 프리 커피는 아니고 97~98% 정도의 카페인이 제거된다. 일반적으로 카페인 제거 과정은 두 단계로 나뉜다. 1단계로 다양한 방법을 사용하여 생두에서 카페인 성분이 녹아나오도록 하고 이어 2단계로 녹아나온 카페인을 제거한다.

카페인을 녹아나오도록 하는 데 여러 방법이 있다. 첫째, 무공해 용해제(disolvente)를 사용하는 방법이 있다. 이 방법이 디카페인 커피 생산에 가장 널리 사용된다. 용해제로 염화메탄(DCM) 또는 아세트산에틸(AE)을 사용한다. 염화메탄은 여러 무기화합물의 용매로 자주 사용된다. 이 물질은 물과는 잘 섞이지 않지만 다른 용매들과는 잘 희석된다. 아세트산에틸은 달콤한 향을 내는 무색의 액체로 접착제나 매니큐어에도 사용된다.

1톤의 생두에서 카페인을 제거하기 위해서 약 10킬로그램의 용해제를 사용한다. 용해제를 생두와 섞으면 생두에서 카페인 성분이 빠져나오며 이를 수증기로 세척한다. 카페인이 충분히 빠져나올 때까지 이 과정을 되풀이한다. 특히, 커피생두와 희석된 용해제가 법정한도까지 잘 씻겨나가도록 해야 한다. 이어 커피생두의 수분함유량이 적정수준에 다다를 때까지 뜨거운 공기를 생두에 쏘여 건조시킨다. 용해제를 사용하기 때문에 이 방법으로 생산된 디카페인 커피에 대해 거부감을 보이는 소비자들도 있다.

둘째, 디카페인 과정에 카페인성분이 제거된 생두추출액(GCE, Green Coffee Extract)과 물이 희석된 용액을 사용하는 방법이 있다. 세계적으로 22% 정도의 디카페인 커피가 이 방법으로 만들어진다. 생두

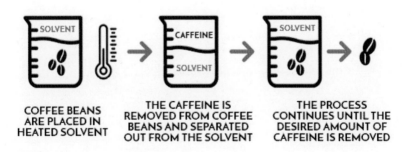

용해제를 사용한 카페인 제거 과정

를 이 용액에 담그면 카페인을 포함한 다양한 성분이 빠져나온다. 카페인이 수용성이기 때문에 물에 녹는다. 생두에서 빠져나온 카페인을 포함한 다양한 성분이 함유된 물을 숯과 같은 활성탄소를 접촉시키면 분자의 크기가 큰 카페인만 걸러진다. 카페인이 제거된 물은 버리지 않고 그 물에 다시 생두를 넣으면 그 생두에서 카페인이 빠져나온다. 이러한 과정을 반복하면 디카페인 커피가 된다.

셋째, 액체 이산화탄소(CO_2)를 통해 카페인을 제거하는 방법도 있다. 세계에서 20% 정도의 디카페인 커피가 이 방법으로 생산된다. 생두에 압력을 가해 수증기를 쏘이거나 물로 세척한 후에 액화 이산화탄소에 담그면 카페인이 추출된다. 이 공정은 비교적 단순하기 때문에 커피의 향을 많이 잔류하게 하는 장점이 있다.

02
커피 탈각기 트리야도라

콜롬비아에서 커피경작자들은 수확한 커피열매를 건조된 페르가미노 커피로 가공하여 판매한다. 영어로는 파치먼트(parchment) 커피다. 페르가미노 커피를 구입한 업자들은 이를 트리야도라 기계를 사용하여 페르가미노 껍질을 제거한 후 생두(café verde)로 판매한다. 생두는 보통 60킬로그램 마대자루 단위로 판매한다. 또는 생두를 좀 더 가공하여 볶은 원두로 또는 이를 그라인딩하여 가루형태로 봉지에 넣어 판매한다. 콜롬비아를 방문하는 분들은 보통 귀국선물로 볶은 원두를 구입한다. 그라인딩한 가루커피는 언제 그라인딩했는지를 잘 알 수 없고, 오래되었을 경우 향미가 많이 사라졌을 것이기 때문이다.

트리야도라는 페르가미노 커피콩에서 껍질을 벗겨내는 기계이므로 한글로 이름을 붙이면 '커피 탈각기(脫却機)'가 어떨까 한다. 트리야도라는 커피 껍질을 제거하는 기계라는 의미와 더불어, 페르가미노 커피를 구입·가공·선별하고 포장하여 판매하는 전 과정이 이루어지는 장소를 의미하기도 한다. 우리나라의 쌀 정미소 또는 방앗간과 같다고 보면 된다.

마대자루에 담겨 커피조합 창고에 쌓여있는 페르가미노 커피

콜롬비아에서는 1890년대에 안티오키아와 칼다스 지방에 처음으로 기업형태의 트리야도라가 설립되었다. 이어 칼리, 마니살레스, 페레이라 등 도시로 이 기계와 기계를 갖춘 기업이 확산되었다. 1923년에 메데진 시에 소재한 트리야도라 기업들은 이 도시 산업노동자의 32%를 고용했고, 1925년에 칼다스 주에 소재하는 7개의 트리야도라 기업들은 그 주 산업노동자의 41%를 고용했다.

트리야도라 기업들이 많은 투자를 통해 기계시설을 갖추고 또 많은 노동자를 고용하게 되자, 이 기업들은 커피산업은 물론이고 콜롬비아 국가산업 전체에 중요한 위치를 점유하게 되었다. 트리야도라 기업 소유주들은 은행시스템과 연계된 커피수출업자들이었으며 트리야도라를 통해 축적된 자본은 곧 재투자로 이어졌고 이는 중산층이 확대하는 계기가 되었다. 트리야도라가 확산되면서 커피수출이 용이하게 되었고 커피산업도 더욱 국제화되었다.

트리야도라 기계는 기본적으로 회전하는 원통, 판, 회전축 등에 페르가미노 커피를 넣어 껍질을 벗겨내는 구조로 되어 있다. 다양한 종류의 트리야도라 기계가 있으며 커피콩의 종류나 수분함유량 등에 따라 적절한 기계를 선택한다. 콜롬비아에서 사용되는 트리야도라 기계는 콜롬비아, 스페인, 미국 등 여러 나라에서 수입되었거나 제조되었다. 페르가미노 커피콩을 트리야도라에 주입시키기 전에 돌멩이 같은 단단한 물질을 걸러내야 기계에 손상이 가지 않는다.

일단 껍질 즉, 페르가미노가 제거된 커피생두는 크기, 무게, 색깔 및 외형에 따라서 분류된다. 생두의 수분함유량은 10~12%가 되어야 이상적이다. 껍질제거에 이어 생두를 비벼서 불순물을 걸러내는 작업이 진행되는 데 이를 풀리도(pulido)라고 한다. 풀리르(pulir) 동사에서 나왔으며 스페인어로 풀리르는 매끄럽게 하다는 뜻이다. 이 과정을 거치면 커피가 좋은 평가를 받게 되나, 기계에 따라서 이 과정이 생략되기도 한다. 원두는 구멍의 크기가 서로 다른 체(tamiz)로 걸러져서 크기에 따라 4~5개 그룹으로 분리된다.

보통 이상의 좋은 등급 원두를 엑셀소(excelso)라고 한다. 나라마다 분류등급 용어가 다르다. 예를 들어 케냐는 A, AA 등 알파벳을 사용하며, 유럽에서는 10에서 20까지 번호를 사용한다. 커피콩 분류는 체뿐만

탈각기 트리야도라 기계

아니라 공기를 사용하기도 하고, 비중측정기나 전자 장비를 사용하기도 한다. 커피생두를 평가하는 기준은 크기, 외형, 색깔, 향미 등이다. 향미는 카타도르가 커핑을 통해 평가한다. 통상적으로 생두가 크면 좋은 평가를 받는다. 물론 생두크기가 작은 종류인 모카커피나, 커피체리에 2쪽이 아닌 1쪽의 커피콩만이 생성된 경우는 별도로 평가된다.

보통경우는 커피체리 1개에는 서로 맞붙은 2개의 커피콩이 생성된다. 커피콩 모양이 삐뚤어졌거나 움푹 파이거나 균형적이지 않을 때는 낮은 평가를 받는다. 가장 좋은 생두 색깔은 푸른빛이 감도는 녹색이다. 노란색이나 짚 빛깔, 그을린 색, 어두운 색, 흰색은 좋지 않다. 그리고 생두의 외피가 빛이 나는 게 좋다. 생두를 만져보면 잘 건조되었는지를 알 수 있다. 커피콩을 떨어뜨릴 때 나는 소리로도 퀄리티를 분별하기도 하고, 냄새를 통해 커피가 제대로 보관되었는지 판별한다.

커피경작자들은 페르가미노 커피를 판매하기 때문에 트리야도라가 필요 없다. 그러나 요즈음 경작자들은 지역별 단체를 구성하여 자체적으로 트리야도라 시설을 설치한다. 어떤 지역단체는 트리야도라뿐만 아니라 로스팅 및 그라인딩 시설도 설치하여 로스트된 커피콩으로 판매하거나 또는 이를 더 가공하여 커피가루로 판매하기도 한다. 자체상표를 만들어 붙이는 것은 당연하다. 직접 가공하고 유통함으로써 이윤을 극대화한다.

우일라 주 네이바 시정부는 직접 시가 나서서 커피산업단지(Torrefactora) 설립을 추진중이다. 커피 가공, 포장, 보관 등 시설을 모두 갖추어 영세 커피경작자들에게 일괄적인 서비스를 제공하여 이들의 소득을 확대하겠다는 것이다. 우리나라에서 조합원들이 생산한 농산물을 집하장에 모아서 가공하고 포장하여 판매하는 것과 같은 사례다.

트리야도라를 통해 생산된 커피생두를 분류하는 기계

03
인스턴트커피 생산과정

커피가루가 녹은 물에서 찌꺼기와 수분을 제거하면 커피가루 또는 커피가루 결정체, 즉 알갱이 또는 과립(granulado)이 형성되는데, 이를 인스턴트커피라고 한다. 인스턴트커피는 볶은 커피와는 달리 잘 산화되지 않기 때문에 안정된 맛을 유지하고 또 오래 보관할 수 있다는 장점이 있다. 소비자들이 인스턴트커피를 좋아하는 것은 간편하기 때문이다.

로스트한 커피처럼 커피를 만드는 기계나 필터 등이 필요 없고 물과 우유에 희석하기만 하면 된다. 인스턴트커피의 맛이 전통적인 커피에 비해 다소 떨어지기는 하지만 편리하다는 장점이 더 크다. 인스턴트커피 용어는 제2차 세계대전 이후부터 사용되었고 그 전에는 솔루블커피(soluble coffee)로 불렀다.

아라비카 품종보다도 로부스타 품종이 인스턴트커피 가루 생산에 더 경제적이다. 로부스타 생두 가격이 저렴할 뿐만 아니라 로부스타 생두를 원료로 사용할 경우 더 많은 인스턴트 커피가루를 생산할 수 있기 때문이다. 또 고급생두를 사용하지 않아도 인스턴트커피의 품질이

Doypack사 종이봉지에 포장된 후안 발데스 상표 냉동건조 인스턴트커피

크게 낮아지지 않는다고 한다. 따라서 시중에서 판매되는 인스턴트커피 중에서 100% 아라비카 커피는 매우 드물다. 그러나 콜롬비아 커피생산 자협회 소속 부엔카페 사는 100% 콜롬비아 아라비카 품종을 사용하는 인스턴트 커피를 생산하며, 커피봉지에 후안 발데스 상표를 붙였다.

최초의 인스턴트커피는 일본계 미국 화학자 사토리 카토(Satori Kato)가 만들었다. 그는 1901년 범미국박람회에 처음으로 분말형태의 인스턴트커피를 선보였으나 대량생산을 시도하지 않았다. 그러는 사이 '조지 워싱턴' 미국 대통령과 같은 이름을 가진 사람이 '조지 워싱턴 커피' 브랜드 네임으로 사업을 시작했다. 사토리 가토의 인스턴트커피는 끓인 커피를 분무건조를 통해 가루를 만들었던지라 향이 날아가 버려 맛의 질이 떨어지는 문제가 있었다. 반면 조지 워싱턴은 낮은 온도에서 수분을 증발시켜 향미가 소멸되지 않도록 했다.

커피제조과정은 다음과 같다. 커피생두를 로스팅 및 그라인딩한 후 높은 온도의 물에 혼합하면 커피 속의 물질이 배어나온다. 이 혼합 액을 농축하고 건조시켜 인스턴트커피를 만든다. 휘발성이 매우 큰 커피의 향이 사라지지 않도록 하면서 수분을 제거하는 게 관건이다. 수분

제거를 위해 두 가지 방법을 사용한다.

하나는 농축액에 고압의 펌프 분무기 즉, 스프레이 건을 사용하는 방식(spray dried)이고, 다른 하나는 냉동건조 방식(freeze dried, 스페인어로 liofilización)이다. 전자는 아주 짧은 시간 내 섭씨 40~50도의 공기를 분사하여 농축액의 수분을 구름 같은 작은 알갱이의 물방울로 만들어 제거한다. 후자는 커피농축액을 섭씨 영하 50도로 낮추어 농축액중의 수분만을 얼리고 이를 기화시켜 제거하는 것이다. 커피농축액의 온도를 저온으로 내리면 물은 얼음조각으로 응축되는 반면, 커피는 액체 상태로 유지된다. 얼음이 포함된 커피농축액을 대기 압력의 1/1,000 수준의 환경에 놓이게 하면 얼음이 기체로 날아간다. 고체가 액체 상태를 거치지 않고 기체가 되는 것을 승화(sublimación)라고 한다. 냉동건조 과정에 비용이 많이 들지만 커피의 향미가 보전되기 때문에 그만한 가치가 있다. 소비자들도 비싸더라도 냉동건조 커피를 선호한다. 냉동건조 방법은 다른 농작물 가공에도 사용된다.

인스턴트커피는 잉여커피를 활용하기 위한 방안을 연구하는 과정에서 만들어졌다. 1990년대 초에 미국의 커피시장이 가파른 성장세를

부엔카페 사 생산 냉동건조 인스턴트 커피상품 '부엔디아'

보이자, 세계 최대 커피생산국인 브라질이 커피농장을 확대했고 결국 잉여커피가 쌓이게 되었다. 이에 따라 브라질 정부는 스위스 기업인 네슬레에게 잉여커피 처리대책을 부탁했다. 당시 네슬레는 밀크 파우더를 개발하고 있었으며 커피를 장기 보관할 수 있는 연구를 하고 있었다. 결국 8년의 연구 끝에 분무건조 기법을 사용하여 커피의 향미를 업그레이드한 인스턴트커피를 개발했다. 그 커피의 이름이 '네스카페'다. 필자도 콜롬비아산 원두로 만든 캡슐형 네스카페를 마신다.

네스카페의 과립모양
인스턴트커피

앞에서 언급했듯이 로베르토 벨레스 커피생산자협회 회장은 현재 한국기업이 콜롬비아 원두를 수입하여 인스턴트커피를 생산한다고 하면서, 앞으로 부엔카페 사의 냉동건조 인스턴트커피를 한국에 직접 수출할 수 있기를 희망했다. 나아가 콜롬비아 내 인건비가 저렴한 만큼, 한국기업이 콜롬비아에 투자진출하여 현지에서 콜롬비아 원두로 인스턴트커피를 생산, 한국으로 수출하는 방안도 제시했다.

04
누트레사 그룹의 콜카페

　메데진(Medellín) 시에 소재한 콜롬비아 식품기업인 누트레사 (Nutresa) 그룹 본사를 방문했다. 흰 머리의 우아한 신사인 알베르토 오 요(Alberto Hoyo) 부회장이 그룹현황을 설명해준다. 그는 누트레사 그 룹의 부회장인 동시에 과자 부문 자회사인 노엘(Noel)사 사장이다. 당 초 누트레사 그룹 회장이 필자를 맞이하려고 했으나 이 그룹이 적대적 합병의 소용돌이 가운데 있어서 자리를 비웠다고 한다.

　100년의 역사를 가진 누트레사는 콜롬비아 최대 식품기업이다. 종 업원이 46,000명이나 되고 연매출액이 30억 달러가 넘는다. 커피를 포 함하여 육류, 제과, 초콜릿 등 8개 분야에서 사업을 하고 있으며, 15개 국에 70여 개 지사와 47개 공장을 갖추고 있다. 든든한 유통망을 구축 하고 있어 도매뿐만 아니라 소매업계에서도 강력한 경쟁력을 갖추고 있다. 매출 비중은 국내 60%, 해외 40%이며, 해외매출액에서 미국시 장의 비중이 가장 크다. 누트레사는 아시아 시장 진출에 관심이 매우 크며, 커피와 초콜렛 제품을 한국, 일본 등에 수출한다.

　누트레사 그룹의 커피 부문 자회사 콜카페(Colcafé) 사로 이동했

알베르토 오요 누트레사 부회장 면담

다. 1950년대에 설립된 콜카페는 커피엑기스, 커피오일, 커피향 등 부가가치가 높은 커피제품을 생산한다. 로스트된 원두커피와 그라인딩한 커피를 생산하기도 한다. 커피엑기스 생산으로는 세계 1위 업체다. 스타벅스에 납품하며 빙그레, 남양, 이디야커피 등 한국기업에도 연간 7백만 달러 정도를 수출한다. 커피농장을 직접 운영하지 않으며, 국내에서 구입하거나 외국에서 수입한 생두를 원료로 사용한다. 메데진, 산타마르타 및 보고타 시에 커피 가공공장이 있고, 이바게 시에는 인스턴트 커피공장이 있다. 국외에는 칠레, 미국 및 말레이시아에 공장을 갖고 있다. 미쓰비시는 말레이시아 뉴트레사 공장의 44% 지분을 소유하고 있다.

콜카페 공장 모습이 정유공장과 비슷하다. 대형 실린더들이 여러 종류의 파이프로 연결되어 있다. 커피가공 공장이 '메데진스럽다'라는 생각을 했다. 커피를 원자재로 수출하지 않고 부가가치를 더한 상품을 만들어 수출하는 것이다. 메데진 사람들은 다른 지역 사람들과 좀 다르다. 콜롬비아 사람들도 자기들끼리 그렇게 얘기한다. 메데진 사람들은 합리적이고 비즈니스맨 스타일이며 정확한 언어를 사용한다.

메데진 시 콜카페 공장 시찰

　과거에는 메데진 시가 마약왕 파블로 에스코바르(Pablo Escobar)의 도시로 널리 알려졌다. 지금 이 도시는 부자들의 도시, 패션의 도시, 미인의 도시, 합리적인 도시 등의 긍정적 이미지를 지니고 있다. 메데진에는 중남미에서 널리 알려진 EPM, ISA, Isagen 등 대기업들의 본사가 있다. EPM사는 메데진시 공기업으로 에너지, 가스, 수자원을 다루는 라틴지역 다국적회사이며, ISA는 전력, 도로, 통신, ICT 전문 기업으로 역시 중남미 다국적기업이다.

　콜카페는 클래식 커피, 디카페인 커피, 알갱이 모양(granulado) 커피, 혼합(3 en 1) 커피, 카푸치노, 바닐라나 캐러멜 맛을 가미한 커피, 냉커피 등 다양한 종류의 인스턴트 커피를 생산한다. 혼합커피는 커피와 크림 그리고 설탕을 함께 섞은 커피다. 세 가지를 하나로 섞었다고 해서 상표 이름이 '3 en 1'다. 우리의 다방커피와 같다고 보면 된다. 콜카페에서 생산하는 커피엑기스는 음료수, 아이스크림, 제과 등에 다양하게 사용된다. 커피오일은 알갱이 입자(aglomerado) 커피와 냉동건조

콜카페 사가 생산하는 인스턴트 커피제품

(liofiizado) 커피를 강화하는 데 사용된다.

커피향 제품은 커피에 포함된 향을 내는 화학물질을 농축해서 만든다. 커피원두에서는 아무런 향이 나지 않지만 열을 가해 로스트하게 되면 숨겨져 있던 향이 활성화 되어 발산된다. 화학적으로 분석하면 900여 개의 화학물질이 기체로 배출되는데, 우리가 냄새를 분별하는 것을 일부분이라고 한다. 커피를 잘못 볶으면 커피가 함유한 맛이 손상된다.

커피는 보통 섭씨 200~300도로 로스트한다. 약한 로스트의 경우 생두의 당성분이 신맛 성분으로 변화되어, 신맛과 고소한 맛이 강화된다. 중간 로스트의 경우에는 신맛 성분과 떫은 성분이 상당부분 파괴되어 균형이 잡히고 주이시(jugoso)한 맛을 갖게 된다. 강한 로스트를 하게 되면 쓴맛과 고무(caucho), 연기 또는 불에 태운 재(ceniza)맛을 갖게 된다. 로스트의 수준이 커피 맛에 지대한 영향을 미치게 됨은 모두가 아는 상식이다.

05
커피의 예술 로스팅

2020년 파리에서 개최된 국제 원두커피경진대회(Ⅵ Concurso Internacional de Cafes Tostados al Origen) 수상식에서 콜롬비아 바예 데 카우카 주 세비냐 시 소재 비야 라우라 커피점(Café Villa Laura Brew Lab)이 출품한 원두커피가 2개 카테고리에서 각각 동메달과 구르메 메달을 받았다. 여기서 원두커피는 로스팅한 커피를 의미한다. 커피점 주인 존 하이로 살가도는 출품한 커피의 이름을 부친과 모친의 이름을 따서 각각 파파 오스카(Papá Oscar)와 마마 누비(Mamá Nuby)라고 명명했다.

파파 오스카는 커피체리를 90시간 이산화탄소 발효를 시켜 만든 커피생두를 로스트하였고, 마마 누비도 같은 방식으로 248시간 발효시키는 과정을 거쳤다고 한다. 그 경진대회에서는 총 74개 원두커피가 선발되었으며 그 중 31개가 콜롬비아산이었고, 콜롬비아는 13개 금메달 중 6개를 가져왔다. 참가국 중 단연 1위다. 콜롬비아 생두와 처리과정 그리고 로스팅의 우수성을 증명하는 결과다.

농산물의 퀄리티를 평가하는 프랑스의 비영리단체 AVPA(La Agencia

para la Valorización de Productos Agricolas)가 국제 원두커피경진대회를 주관한다. 이 단체는 2005년에 창설되어 원두커피뿐만 아니라 초콜렛, 차(té), 식물성 기름 등을 평가한다.

AVPA 국제원두커피경진대회는 로스터들과 로스팅과 관련된 전문가들이 참가하는 대회로 2020년 제6차 행사에는 25개국에서 150개의 커피가 출품되었다. 심사는 9개의 카테고리, 즉, 산도를 지닌 향미(AA), 과일 맛의 산미(AF), 산미를 지닌 마일드(DAc), 향미를 지닌 마일드(DAr), 과일향의 단맛(DF), 강한 쓴맛(PA), 강한 산도와 향미(PAA), 강한 마일드(PS) 및 균형감(RE)으로 나뉘어 진행된다.

로스팅을 스페인어로 투에스테(tueste)라고 한다. 동사는 토스타르(tostar)다. 로스팅은 생두에 열을 가해 물리적 및 화학적 변화를 일으켜 생두에 내재된 커피향미를 끌어내는 작업으로 커피의 특징을 결정하는 중요한 과정이다. 일반적으로 로스팅에는 섭씨 200도 이상의 열이 필요하며 12~15분 정도의 시간이 걸린다. 로스팅 과정에서 생두는 거의 2배로 커지며 색깔과 밀도도 달라진다. 생두가 열을 흡수하면 처음에는 황색으로 변하고 이어 연한 갈색이 되었다가 기름기를 머금은 어두운 색으로 변한다.

로스팅 과정에서 온도가 섭씨 120도 정도를 넘으면 생두에 포함된 당과 아미노산이 반응하여 멜라노이딘 성분을 만들어 내며 풍부한 맛과 고소한 맛을 형성한다. 이어 자당이 열에 의해 변화되는 캐러멜화 현상이 일어나며 단맛이 줄어들게 되고 달콤쌉쌀한 맛이 형성된다. 로스팅 시간이 길어질수록 쓴맛이 부각된다.

코스타리카, 스페인, 프랑스, 포르투갈 등 일부국가에서는 로스팅 과정에서 생두 부피의 15% 정도 설탕을 섞는다. 열이 가해지면 설탕은 캐러멜화되어 원두에 달라붙게 되고 원두가 캐러멜 광택을 입게 된다. 이 로스팅 방식을 토레팍시온(torrefacción)이라고 하며, 이 방식으로 생산된 원두를 카페 토레팍토(café torrefacto)라고 한다. 카페 토레팍토는 전통적인 방식으로 생산된 원두보다 강한 맛을 낸다. 이 로스팅 방법은 커피원두를 보호함으로써, 더 오랜 기간 보관된다.

대부분의 커피 볶는 기계는 뜨거운 공기를 사용하며 온도가 섭씨 400도가 되면 커피 특유의 색깔을 내게 되고 커피의 맛과 향기를 만들어주는 커피기름을 발산한다. 시중에 여러 종류의 로스터 기계가 있지만 통상적으로 원통형 기계(tostadora de tambor)가 좋은 품질의 원두를 만든다.

로스팅할 때 생두는 열을 흡수하거나 열을 방출하는데, 열 흡수에서 방출로 바뀌는 지점을 터닝 포인트라고 한다. 생두는 터닝 포인트를 지나면서 수분을 잃게 되고 부피가 커지며 무게는 감소한다. 터닝 포인트는 생두에 따라 차이가 있지만 보통 섭씨 225도가 되면 수분증발이 시작된다.

수분증발은 점진적으로 그리고 생두에 균일하게 이루어져야 하며 너무 느리지도 않고 빠르지도 않아야 한다. 로스팅을 종료하는 시점도 중요하다. 그러기에 로스팅은 고도의 기술이며 예술이라고 한다. 지역마다 나라마다 개인마다 커피에 대한 기호가 다르다. 어떤 사람들은 커피의 산도를 선호하는 반면, 쓴맛이나 떫은맛을 싫어하며 낮은 바디를 원한다. 그럴 경우에 그들은 밝고 루비색을 띤 낮은 정도로 로스트된 원두를 선택한다. 낮은 산도, 쓴 맛, 강한 바디의 커피 맛을 선호하는 사람들에게는 보다 많이 볶은 원두가 좋다.

로스트 강도를 구분하는 용어로 낮은 정도에서 높은 정도로 보통

약배전, 중배전 및 강배전이라는 표현을 사용하는데, 각 3개 글자로 구성되어 표현이 경제적이기는 하지만 일반인들에게는 어려운 말이다. 적게(짧은 시간) 볶은 원두, 중간 볶은 원두 및 많이(오랜 시간) 볶은 원두라는 표현이 소비자들에게 보다 친화적이지 않을까 한다. 로스팅 회사로서는 적게 볶은 원두를 생산하는 게 많이 볶은 원두를 생산하는 것보다 이익이 된다. 적게 볶은 원두는 단시간에 볶을 수 있기 때문에 연료가 적게 든다. 커피를 오래 볶을수록 커피성분이 휘발성분으로 또는 연소가스로 사라지기 때문에 많이 볶은 원두는 중량이 감소한다.

양질의 원두를 만들기 위해서는 로스팅이 끝난 원두를 빨리 식혀야 한다. 그래야 커피에 함유된 휘발성 성분들이 사라지는 것을 막는다. 그렇다고 원두를 식히는 데 물을 사용해서는 안 되며, 구멍이 숭숭 뚫린 커다란 판에다가 원두를 펼치고 저으면서 상온에서 열을 식힌다.

보통 3분 정도 식히면 섭씨 225도의 커피 원두가 35도 정도로 내려간다. 열이 식은 커피 원두는 포장하기 전에 8~12시간 밀폐용기에 담아 쉬게(reposar) 한다. 이 과정에서 커피의 향미가 증진되기 때문에 양질의 고급 커피 생두를 다룰 때에는 이 과정이 꼭 필요하다. 커피원두를 그라인딩하여 포장하고자 할 경우 또는 고급 생두가 아닐 경우에는 이 과정은 굳이 필요하지 않다.

커피 원두나 그라인딩한 가루를 포장한 종이봉지를 윗부분을 보면 아주 작은 구멍이 1~3개 뚫려 있다. 그 구멍을 통해 커피의 구수한 향기를 맡아보기도 하는데, 그 구멍은 원웨이 밸브(one-way valve)로 갓 볶은 원두에서 가스를 제거하고 이산화탄소를 배출시키기 위해 만들었다.

커피를 로스팅하면 수일동안 이산화탄소가 발생하며, 커피 1파운드당 1,000cc가량 나온다. 커피를 로스트한 후에 얼마간 쉬게 한 후에 포장하는 데는 이산화탄소를 날려 보내기 위한 목적도 있다. 봉투 안에서 발생하는 가스를 제거해주지 않으면 봉투가 터진다. 원웨이 밸브는 가스배출은 하되 밖에서 산소가 들어가는 것을 막기 때문에 커피의 산패를 막는다.

커피봉지 윗부분의 원웨이 밸브 구멍

참고문헌

한국어 참고자료

책자

커피세계사(2018. 12월, 탄베 유키히로, 윤선해 번역, 황소자리 출판사)

커피인문학(2017. 9월, 박영순, 인물과 사상사)

커피를 좋아하면 생기는 일(2020.12월, 서필훈, 문학동네)

나의 콜롬비아 커피농장 여행기(이승민, 창조와 지식)

디코딩 라틴아메리카(2018, 서울대 라틴아메리카연구소, 지식의 날개)

매혹과 잔혹의 커피사(2013, 마크 펜더그라스트, 정미나 번역, 을유문화사)

커핑 노하우(2017, 아이비라인 출판팀, 아이비라인)

아싸라비아 콜롬비아(2015, 이재선, 효형출판)

신의 선물 사람의 땅, 중남미(2019, 추종연, 한국외국어대학교 지식출판콘텐
츠원)

콜롬비아 개황(2021. 8, 외교부 중남미국 중미카리브과)

콜롬비아 생물다양성 및 생명공학 현황(2013. 12월, 웹책, 중남미 인프라자
원협력센터)

국내 일간지, 학술잡지 기고문 및 인터넷 자료

콜롬비아 커피 읽기(2011. 11. 8., 추종연, 한국일보)

콜롬비아 평화과정: 고백과 진실의 고통(2020. 12월, 추종연, 한국외국어대

학교 중남미연구소 웹진)

다양한 변화와 스토리를 지닌 콜롬비아 커피(2022. 2. 28., 추종연, 아시아경제)

커피경제신문(http://ecoffeenews.com) 및 다수 국내 일간지

위키백과, 구글 등 인터넷 자료

논문

안데스지역 코카재배 현황과 문제점(2013. 10월, 추종연, '외교'지 107호)

콜롬비아의 평화협상과 평화정착 주요 과제(2013. 12월, 추종연, Journal of the Institute of Iberoamerican Studies Vol.15, No.2, 부산외국어대학교 학술지)

반세기 한－콜롬비아 관계의 변화와 발전 (2014. 7월, 추종연, 국제지역연구 18권 12호, 2014년 여름, 한국외국어대학교 학술지)

한국과 콜롬비아간의 특별한 협력관계(2021. 4월, 추종연, '외교'지 137호)

스페인어/영어 참고자료

책자

Caficultura Huilense, Modelo de Paz y Prosperidad 1928－2018 (2018, Wade Davis, Comité de Cafeteros de Huila)

Casos Exitos de Empresas Latinoamericanas en Asia (2014, Universidad ESAN)

Informe Anual 2020 (2020, Fondo Multidonante de Naciones Unidas para el Sostenimiento de la Paz)

Historia de Café (2020, Cesar Auguasto Echeverry, Mentes a la Carta)

Contemplar Comprender Conservar (Mincomercio, Puntoaparte)

Agriculture and Agroindustry in Colombia (2021, Sociedad de

Agricultores de Colombia, Consuelo Mendoza Ediciones)

Cultivo del Café (2001, Felipe Duran Ramirez, Grupo Latino Editores) 90 Years Colombian Coffee: Growing for the Future 1927−2017 (2017, Federación Nacional de Cafeteros de Colombia, Editorial EAFIT)

La Paradoja del Café (2005, Benoit Daviron/Stefano Ponte, Legis S.A.)

Historias Económicas del Café y de Don Manuel (1990, Fondo Cultural Cafetero, Editorial Kimores Ltda) El Café Encrucijada (2001, Diego Pizano, Alfaomega S.A.)

Haciendas del Café (1997, Fernando Turk Rubiano, Editorial Nomos) Coffea (Andrés Pardo Gomez) De la Geologia al Café (2018, Imprenta Nacional Colombia) Juan Valdez (2020, Unatintamedios Editorial)

신문 및 잡지

Portafolio (Colombia 일간지, 2011.3−2014.10, 2020.6−2022.5)

El Tiempo (Colombia 일간지, 2011.3−2014.10, 2020.6−2022.5)

La República (Colombia 일간지, 2011.3−2014.10)

Semana (Colombia 주간지, 2011.3−2014.10, 2020.6−2022.5)

추종연

저자는 40년을 외교부에서 보낸 퇴직 외교관입니다. 서울대학교 외교학과를 졸업하고 스페인 마드리드 외교관학교에서 공부했습니다. 외교부 본부에서 중미과장과 중남미국장을 지냈으며 중남미 지역에서는 멕시코, 콜롬비아와 아르헨티나에서 근무했습니다. 중남미국장직에 있으면서 중남미국가들과 16회 정상회담과 우리 대통령의 파나마 및 멕시코 방문을 성사시킴으로써, 우리나라의 대중남미 외교의 부흥기를 이끌었습니다. 중남미 지역 이외에도 스웨덴, 주EU대표부 그리고 주UN대표부에 근무하면서도 중남미 사회, 문화, 예술, 영화, 소설, 다큐멘터리, 음식 등을 두루 섭렵하면서 소양을 쌓았습니다. UN 대표부 근무 시에는 중남미 문화에 대한 깊은 이해와 능숙한 스페인어를 바탕으로 중남미지역그룹(GRULAC) 명예회원 대우를 받기도 했습니다. 콜롬비아에서 두 번 그리고 아르헨티나에서 공관장직에 있으면서 공공외교를 위해 두 나라의 구석구석을 방문했습니다. 대학교와 상공회의소 등에서 160여 회 강연을 했습니다. 아르헨티나에서는 수천 미터 고지의 안데스산맥 가운데 위치한 광산과 염호도 다녀왔고, 콜롬비아에서는 아마존 정글과 게릴라들이 출몰하는 베네수엘라와 에콰도르 국경지대도 방문했습니다. 특히, 에헤 카페테로(Eje Cafetero), 우일라, 나리뇨, 산탄데르 등 콜롬비아 커피생산지를 거의 다 돌아보았습니다. 그렇게 얻은 정보와 자료를 바탕으로 여러 권의 자원책자를 발간했고, 종합적인 중남미 경험을 토대로 2019년 초에 「신의 선물 사람의 땅, 중남미」라는 제목의 인문서적을 발간했습니다. 저자는 2023년 2월 공직에서 물러났으며 현재 방산기업인 LIG넥스원에서 해외사업담당 전문위원으로 재직중입니다. 아울러 춘천커피협회 고문으로 활동중입니다.

커피 한 잔 할래요? 콜롬비아 커피이야기

초판발행	2023년 6월 30일
지은이	추종연
펴낸이	안종만·안상준
편 집	전채린
기획/마케팅	손준호
표지디자인	이영경
제 작	고철민·조영환
펴낸곳	(주)**박영사**
	서울특별시 금천구 가산디지털2로 53, 210호(가산동, 한라시그마밸리)
	등록 1959. 3. 11. 제300-1959-1호(倫)
전 화	02)733-6771
f a x	02)736-4818
e-mail	pys@pybook.co.kr
homepage	www.pybook.co.kr
ISBN	979-11-303-1811-0 03300

정 가   19,000원